HEINZ FEHNKER

TROCKENBLUMEN
SCHMUCK
SELBST GEMACHT

W0087289

HEINZ FEHNKER

Trockenblumen
SCHMUCK
SELBST GEMACHT

BLV

*I*NHALT

EINFÜHRUNG

Jeder Mensch sehnt sich nach Harmonie und Schönheit. Wie ist dieses Bedürfnis zu erklären? Ich glaube, daß Harmonie und Schönheit den Menschen zu Wohlbefinden und Ausgeglichenheit verhelfen. Vielleicht finden sie dadurch auch zu sich selbst.

Bei der Arbeit mit Trockenblumen steht natürlich der Gedanke im Vordergrund, Schönheit und Harmonie zu erhalten, uns damit zu umgeben. Schon in den alten Märchen findet sich der Wunsch, diesen Zustand festzuhalten oder neu zu gewinnen. Denken wir an Dornröschen, das in jugendlicher Schönheit einschläft, um sich für Ihren Traumprinz zu bewahren, oder an den Jungbrunnen, der jugendliche Schönheit und Frische wiederherstellt.

Natürlich können wir den optimalen Zustand blühenden Lebens nie völlig konservieren, aber wir können versuchen, ihn länger zu erhalten. Darum sollten Trockenblumen auch nicht **ver**trocknet, sondern **ge**trocknet aussehen. Auch sollten wir uns von dem Gedanken lösen, ein Trockenblumen-Arrangement würde ewig halten. Wir können uns unsere Sensibilität für das Schöne und Lebendige nur durch den Blick für seine Veränderlichkeit bewahren.

Und noch etwas. Zur Harmonie gehört auch unsere Beziehung zu der umgebenden Natur und ihren Jahreszeiten. Mit Blumen – sicherlich eine der schönsten Schöpfungen dieser Welt – können wir diese Beziehung auf eine sensible und ästhetische Art vertiefen. Versuchen Sie deshalb, bei Ihrer kreativen Arbeit auch die Jahreszeiten mit zu berücksichtigen. Sie sind Ausdruck des Werdens und Vergehens und machen uns bewußt, daß jeder Zustand, jeder Zeitabschnitt, seine besonderen Reize hat.

Was ich Ihnen damit sagen will, ist, daß es bei der Arbeit mit Blumen um mehr gehen kann als um das fertige Produkt. Auch der Weg dorthin bringt – mit der richtigen Einstellung – viel Freude und zahlreiche Erkenntnisse mit sich. Vielleicht denken Sie daran, bevor Sie anfangen: Auch der Weg kann das Ziel sein.

Hier nun einige allgemeine Tips, um Ihnen den Einstieg in Ihr Hobby zu erleichtern. Um etwas Schönes zu schaffen, benötigen Sie verschiedene Materialien, Werkzeuge und Hilfsmittel. Damit Sie nicht jedesmal loslaufen müssen, um die notwendigen Utensilien zu besorgen, ist es ratsam, sich zu Beginn das immer wieder gebrauchte Arbeitsmaterial einmal komplett zuzulegen. Auf den Seiten 8 bis 10 sind alle benötigten Werkzeuge und Hilfsmittel abgebildet und beschrieben.

Trockenblumen, Blätter, Beeren und vieles mehr sollten Sie das ganze Jahr über in der Natur oder im Garten sammeln, denn meist finden sie sich nur zu bestimmten Zeiten (z. B. Herbstblätter, Früchte usw.). Trotzdem wird es häufig unumgänglich sein, ein Blumengeschäft aufzusuchen, um bestimmte Dinge zu erwerben.

Zu Hause sollten Sie Ihre Materialien in einem trockenen Raum lagern. Am besten eignen sich Pappkartons zur Aufbewahrung, denn sie sind luft-, aber nicht lichtdurchlässig. Eine gut sichtbare Beschriftung Ihrer Behältnisse erleichtert Ihnen nicht nur die Suche, sondern wird auch Ihren Einfallsreichtum fördern.

Halten Sie an Ihrem Arbeitsplatz immer Ordnung, damit Sie nicht den Überblick verlieren, und um zu vermeiden, daß Materialien zerdrückt werden oder verlorengehen.

Die angegebenen Herstellungszeiten sollen Ihnen – vor allem im Vergleich – eine Vorstellung davon vermitteln, welche Objekte einfacher und welche etwas aufwendiger in der Anfertigung sind. Lassen Sie sich dadurch aber nicht unter Zeitdruck setzen. Obwohl ich fast alle Arrangements für dieses Buch neu angefertigt habe, ging mir durch meine Erfahrung vielleicht doch manches schneller von der Hand.

Ich wünsche Ihnen viel Freude beim arrangieren der Trockenblumen und hoffe, daß ich Ihnen den Einstieg in dieses schöne Hobby leicht gemacht habe!

Ihr
Heinz Fehnker

florali –
die blumenwerkstatt,
München

 DIE WERKZEUGE

Gutes Werkzeug ist eine Grundvorausset-
zung für erfolgreiches floristisches Arbeiten
und trägt wesentlich zur Arbeitserleichterung
bei. Besorgen Sie sich einmal eine Grundaus-
stattung, damit Sie beim Arbeiten nicht
unnötig aufgehalten werden, wenn etwas
fehlt. Sie brauchen nicht viel, dafür aber
gutes Werkzeug.

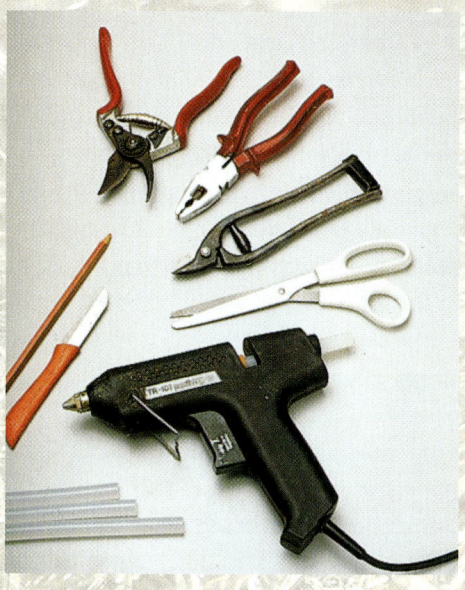

ROSEN- ODER REBSCHERE
Unter diesem Begriff laufen alle gängigen
Gartenscheren. Kaufen Sie sich eine von
guter Qualität, die nicht laufend stumpf
wird.

MESSER
Statt einem speziellen Floristenmesser
genügt in diesem Fall auch ein einfaches
Küchenmesser. Wichtig ist nur eine scharfe
Klinge, die jederzeit nachgeschliffen werden
kann.

DRAHTSCHERE
Hier steht Ihnen im Handel eine breite Palet-
te von Modellen zur Verfügung, unter
denen Sie auswählen können. Achten Sie
besonders auf die Handlichkeit.

BAND- ODER PAPIERSCHERE
Auch hier ist gute Qualität gefragt, weil
damit sowohl zarte Bänder als auch fester
Karton geschnitten werden müssen. Besser
ist es, wenn Sie sich zwei Scheren zulegen:
Eine für Schleifen und eine für Blätter, Karton
und derbe Bänder (z. B. solche mit Drah-
trand).

KOMBIZANGE
Entscheiden Sie sich für eine einfache, hand-
liche Zange, da sie nicht sehr beansprucht
wird.

KLEBEPISTOLE
Die Klebepistole sollte einen Thermostat besitzen, der sie vor Überhitzung schützt.
Wichtig ist auch, daß der Klebstoff mit Hilfe
des Abzugs transportiert werden kann.

STIFTE UND LINEAL
Es genügen die in den meisten Haushalten
vorhandenen Zeicheninstrumente.

*D*IE HILFSMITTEL

DRÄHTE

STECKDRÄHTE

Steckdrähte gibt es blau geglüht oder grün lackiert. In der Regel werden allerdings die blau geglühten verwendet. Die Drähte sind in verschiedensten Stärken und Längen erhältlich. Fünf bis sechs Größen reichen aber in der Regel vollkommen aus. Günstig ist es, in etwa folgende Größen vorrätig zu haben:

Blau geglüht:	Grün lackiert:
0,8 x 280 mm	0,7 x 350 mm
1,0 x 300 mm	0,9 x 400 mm
1,2 x 350 mm	1,0 x 500 mm
1,4 x 400 mm	
1,6 x 450 mm	
1,8 x 500 mm	

WICKELDRAHT

Auch hier gibt es blau geglühten und grün lackierten Draht in verschiedenen Stärken. In der Regel genügt eine einzige Version mit etwas stärkerem Draht.

SCHMUCKDRAHT

Bei Schmuckdraht stehen viele verschiedene Farben und Ausführungen zur Auswahl. Für den Grundbestand genügen Silber-, Kupfer- und Golddraht (Bild rechts). Allerdings sollten Sie auf den grünen Draht (auch MYR-TENDRAHT genannt) keinesfalls verzichten, da er z.B. beim Binden filigraner Blumen absolut unentbehrlich ist.

BOUILLONDRAHT

Er dient zur Verzierung, ist besonders fein und aufgedrillt, so daß er sich auf ein Vielfaches seiner Länge ausziehen läßt. Mit einer mittleren Drahtstärke in Gold, Silber und Kupfer sind Sie bestens gerüstet.

FLORISTISCHE HILFSMITTEL

KAUTSCHUKBAND (**GUTTACOLLBAND**) zum Umwickeln oder Kaschieren von Steckdrähten.

PINHOLDER zum Fixieren von Steckschwämmen in Glas- und Keramikgefäßen.

KLEBEKITT Damit werden die Pinholder in den Gefäßen festgeklebt. Dies ist die einzige Möglichkeit, eine wasserfeste Verbindung zwischen Steckschwamm und Gefäß herzustellen.

PATENTHAFTEN dienen zum Befestigen von Blättern und Moos auf Steckunterlagen.

MASCHENDRAHT (Hasengitter, Hühnerdraht) zum Zusammenfassen mehrerer Steckschwämme zu einer großen Unterlage.

STECKUNTERLAGEN

Bei Steckunterlagen wird grundsätzlich zwischen zwei Arten unterschieden:
- Unterlagen (Steckschwämme) für Frischblumen
- Unterlagen (Steckschwämme) für Trockenblumen

In guten Floristik-Fachgeschäften und Blumenläden sind inzwischen für beide Varianten fast alle Formen erhältlich:

KRANZFORMEN sind in allen Durchmessern von ca. 10-100 cm für Frisch- und Trockenblumen erhältlich.

KUGELN von etwa 5-30 cm Durchmesser gibt es in der Regel nur für Trockenblumen.

HERZFORMEN finden sich sowohl für Trocken- als auch für Frischblumen in etwa 25-45 cm Größe.

TÜR- ODER FENSTERBÖGEN sind nur für Trockenblumen in 40-90 cm Größe erhältlich.

ZIEGEL gibt es für Trocken- und Frischblumen in den Maßen 22 x 8 x 11 cm.

$\mathcal{D}$AS TROCKNEN

BLUMEN TROCKNEN

Es gibt verschiedenste Möglichkeiten, Blumen zu trocknen. Im folgenden werden die wichtigsten und besten Methoden beschrieben.

LUFTTROCKNEN

Die einfachste und preiswerteste Art, Blumen zu trocknen, ist das Lufttrocknen. Die Blumen sollten zwar gut erblüht, aber noch nicht überreif, sowie trocken, aber noch nicht angewelkt sein. Gräser und Samenkapseln dürfen nicht ganz ausgereift sein, da sie sonst beim Lufttrocknen abfallen.

SCHRITT 1

Zunächst sortieren Sie dicke Stiele aus und entfernen fleischige Blätter. Dann binden Sie jeweils etwa 10 Stiele einer Blumenart mit Gummiband zusammen (keinen Draht oder Bindfaden verwenden, da die Stiele beim Trocknungsprozeß schrumpfen und aus dem Bund herausfallen würden).

SCHRITT 2

Die so gebündelten Blumen hängen Sie in einem dunklen, sehr trockenen und gut durchlüfteten Raum auf (Heizungskeller, Dachspeicher o. ä.).

SALZTROCKNEN

Dieses Verfahren ist zwar kosten- und zeitaufwendig, es hat aber den Vorteil, daß die Blumen nahezu völlig in ihrer natürlichen Form und Farbe erhalten bleiben.
Verwenden Sie zum Salztrocknen nur unbeschädigte Blüten und Blätter. Besonders geeignet sind Rosen, Pfingstrosen, Stiefmütterchen und Orchideen. Aber auch alle anderen Blumen können Sie so behandeln.

MATERIALIEN:

- Silikatgranulat (Blumengeschäft oder Bastelbedarf)
- Hitzebeständiges Gefäß
- Eventuell Folie
- Löffel
- feiner Pinsel
- Spezieller Klarlack für Trockenblumen (Fachhandel)

HINWEISE:

Zum Salztrocknen werden verschiedene Materialien angeboten. In der Praxis hat sich Silikat am besten bewährt, da es seine körnige Beschaffenheit lange beibehält. Der Preis liegt bei 80 bis 120 DM pro Kilo. Da Sie das Material jedoch immer wieder verwenden können, lohnt sich diese Anschaffung in jedem Fall.
Zur Wiederaufbereitung bzw. Trocknung nach Gebrauch schieben Sie das Granulat bei ca. 120°C und Umluft in den Backofen. Trocken ist es, wenn es seine hellblaue Farbe wieder erreicht hat (nach ca. 1 Stunde, je nach Volumen). Das Material sollte bei längerer Lagerung immer luftdicht verschlossen sein.

SCHRITT 1

Den Boden eines hitzebeständigen Gefäßes bedecken Sie mit einer etwa 2 cm dicken Granulatschicht.

SCHRITT 2

Darauf legen Sie die Blüten in einem Abstand von ca. 2-3 cm aus.

SCHRITT 3

Dann füllen Sie mit einem Löffel vorsichtig das Granulat von allen Seiten auf. Achten Sie darauf, daß die Blüten nicht zusammengedrückt werden und daß alle mit einer 2-3 cm dicken Schicht abgedeckt sind.

SCHRITT 4

Das Gefäß luftdicht verschließen (eventuell mit Folie gut abdichten) und ca. zwei Wochen in einem trockenen Raum lagern. Danach schütten Sie das Granulat vorsichtig ab. Eventuell muß es mit dem Löffel herausgehoben werden.
Reste des Granulats an den Blüten entfernen Sie vorsichtig mit einem feinen Pinsel oder durch Abblasen. Anschließend die Blüten mit einem Klarlack einsprühen.

WASSERTROCKNEN

Folgende Blumen eignen sich auch ganz hervorragend zum Wassertrocken:

- Hortensien
- Lampionblume (*Physalis*)
- Pompon-Dahlien (mit kleinen, kugelförmigen Köpfen)
- Ranunkeln
- Goldrute (*Solidago*)
- Pfaffenhütchen (*Euonymus europaeus*)
- Cotoneaster
- *Sorbus*-Beeren (Eberesche)
- Strandflieder (*Limonium*)
- manche Freilandrosen mit festen Stielen, vor allem die Sorte 'Anna' (im Blumengeschäft von November bis April erhältlich)

SCHRITT 1
Man stellt die Stiele mit den Blüten in eine passende Vase. Nur wenig Wasser einfüllen.

SCHRITT 2
Während des Trocknungsprozesses sollten Sie häufig etwas Wasser nachfüllen und das alte Wasser auswechseln. Dabei spielt die Raumtemperatur keine Rolle; nur die Luftfeuchtigkeit sollte nicht zu hoch sein, damit die Blumen nicht faulen oder schimmeln.

Zusätzlich packen Sie reichlich Zeitungspapier zu den einzelnen Lagen, damit es nicht zu Fäulnis kommt. Auch hier ist ein trockener, gut durchlüfteter Raum unbedingt notwendig.

Sehr fleischige Materialien oder dicke Fruchtstände legen Sie bei ca. 50°C in den Backofen. Der Trocknungsprozeß geht dann schneller voran und es besteht nicht die Gefahr, daß die Materialien faulen.

BLÄTTER TROCKNEN

Blätter legen Sie zum Trocknen am besten in einem Karton oder Korb in mehreren Schichten übereinander. Dazwischen breiten Sie Haushaltskrepp aus, das sehr saugfähig ist.

$\mathcal{M}$ATERIALIEN ANDRAHTEN

Viele Pflanzenmaterialien haben so schwache Stiele, daß sie nicht direkt in den Steckschwamm gesteckt werden können. Bei anderen sind die Stiele zu kurz, so daß sie durch Draht verlängert werden müssen. Manchmal sollen sie auch nicht gesteckt, sondern gebunden werden. Es gibt also viele Situationen, in denen das Andrahten unumgänglich ist.

Wichtig dabei ist grundsätzlich die passende Drahtstärke: Der Draht sollte sich um die Pflanze wickeln lassen und sie trotzdem vom Gewicht her noch halten können.

ZARTE BLÜTEN UND STIELE

Diese Materialien müssen im Grunde immer angedrahtet werden. Erstens, damit sie überhaupt im Steckschwamm befestigt werden können, und zweitens, um einen ausreichend langen Stiel zu erhalten. Da kleine Blüten und Blätter häufig in Büscheln verarbeitet werden, kann man sie dazu gut zusammenfassen. Bilden Sie aber immer nur Büschel aus demselben Material, da die Arbeit sonst leicht unübersichtlich wird.

Die Drahtstärke richtet sich ganz nach den verwendeten Materialien. Sie liegt meistens zwischen 0,6 x 180 mm und 1,2 x 350 mm.

BLÄTTER

Blätter haben selten stabile Blattstiele und müssen daher fast immer angedrahtet werden. Außerdem lassen sie sich so besser biegen und in Position bringen.

Außer für große, getrocknete Blätter müssen Sie fast immer dünnere Drähte verwenden (ca. 0,8 x 200 mm bis 1,2 x 350 mm). Häufig ist hier grün lackierter Draht leichter zu verbergen. Arbeiten Sie äußerst vorsichtig, denn getrocknete Blätter sind sehr brüchig.

Nach folgendem Prinzip werden im Grunde alle Materialien angedrahtet:

BLÄTTER ANDRAHTEN

SCHRITT 1
Stecken Sie einen passenden Draht an der Unterseite des Blattes dicht an der Blattrippe  durch. Von oben darf er kaum zu sehen sein.

SCHRITT 2
Nun biegen Sie die Drahtenden zusammen und winden eines der Enden fest um 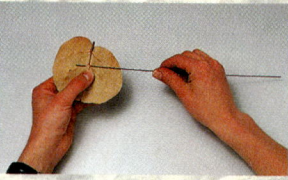 die andere Hälfte und den Blattstiel. Dann
•die Drähte geradebiegen. Sollte der überstehende Draht zu kurz sein, können Sie ihn mit einem stärkeren Draht verlängern.

BLÜTENBÜSCHEL ANDRAHTEN

SCHRITT 1

Legen Sie einen passenden Draht an Ihr Büschel an und knicken ihn in der Mitte um.

SCHRITT 2

Eines der Drahtenden wickeln Sie fest um die andere Drahthälfte und die Stiele. Dann die Drähte geradebiegen.

BLUMEN ANFEUCHTEN

Manchmal ist es von Vorteil, Trockenblumen vor dem Andrahten etwas anzufeuchten, damit sie nicht so leicht brechen oder zerbröseln. Entweder wickeln Sie die Blüten dazu für einige Stunden in feuchtes Zeitungspapier ein oder Sie legen sie - wenn es die Zeit erlaubt - eine Nacht lang nach draußen; auch dadurch nehmen die Blumen genügend Feuchtigkeit auf.

Schneiden Sie die Stiele mit der Rosenschere zunächst auf die gewünschte Länge zu, bevor Sie mit dem Andrahten beginnen.

ZWEIGE ANDRAHTEN

Feste Zweige und Stiele müssen in der Regel nicht angedrahtet werden, um sie zu stützen, sondern um sie zu verlängern oder besser zu verankern. Hierzu werden die stärkeren Steckdrähte benötigt (1,6 x 350 mm bis 1,8 x 500 mm, blau geglüht). Denken Sie immer daran, daß das Material - auch wenn es sehr trocken ist - noch etwas schrumpft. Daher besonders fest andrahten!

Sollte eine Gabelung oder eine Verdickung nahe der Andrahtstelle liegen, drahten Sie oberhalb davon an. So kann der Zweig später nicht herausrutschen.

SCHLEIFEN BINDEN

Damit Schleifen perfekt gelingen, ist eine gewisse Fingerfertigkeit erforderlich. Mit etwas Übung wird aber auch dies problemlos gelingen. Unter den zahlreichen Methoden habe ich eine Grundtechnik ausgewählt, die besonders zur Dekoration von Blumenarrangements geeignet ist.

SCHRITT 1

Mit der linken Hand nehmen Sie das Band zwischen Daumen und Zeigefinger. Legen Sie nun mehrere Schlaufen übereinander, die Anzahl hängt von der geplanten Größe der Schleife und der Breite des Bandes ab.

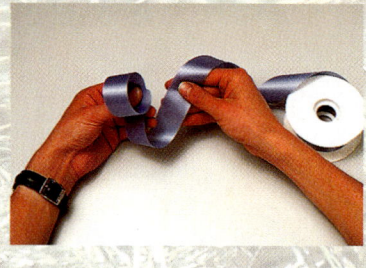

SCHRITT 2

Sind genügend Schlaufen gebildet, drücken Sie das Band zwischen Ihren Fingern zusammen und legen ein vorher abgeschnittenes Bandstück von unten an. Anschließend schieben sie einen Steckdraht hindurch, der in Länge und Stärke zur Schleife paßt.

SCHRITT 3

Den Draht knicken Sie und drehen die Enden unterhalb der Schleife fest zusammen. Die überstehenden Bandenden werden mit der Schere abgeschnitten. Je nach Verwendungszweck der Schleife wird auch der Draht gekürzt (z. B. um die Schleife an ein Gefäß zu kleben). Soll sie beispielsweise aber in einem Steckschwamm verankert werden, beläßt man die überstehenden Drahtenden.

$\mathscr{S}$CHÖNHEIT ERHALTEN

HALTBARKEIT UND PFLEGE

Auch ein Trockengesteck ist nicht für die Ewigkeit geschaffen. Wenn Sie jedoch folgende Vorsichtsmaßnahmen bei der Aufstellung Ihrer Arrangements beachten, können Sie sich mindestens ein Jahr lang an Ihrer Arbeit erfreuen:

- Vermeiden Sie direkte Sonnenbestrahlung, die den Blüten schnell ihre Farbe nimmt.
- Nässe und hohe Luftfeuchtigkeit lassen Ihre Trockenblumen rasch verschimmeln.

- Auch durch Staub werden die Farben schnell verblassen, und Ihr Trockengesteck wird unansehnlich. Sollte sich etwas Staub angesammelt haben, reinigen Sie es mit einem Fön (Kaltluft) und oder erwecken es eventuell mit etwas Haarspray zu neuem Glanz.
- Durch Auswechseln einzelner Elemente können Sie ein Gesteck häufig recht einfach »renovieren« und gleichzeitig seine Wirkung verändern.

STIEFMÜTTERCHENKRANZ

Leicht und sommerlich wirkt dieser Kranz aus Birkenzweigen und getrockneten Stiefmütterchen. Als Tür-, Wand- oder Fensterkranz schmückt er mit seinen leuchtenden, frischen Farben jedes Haus – ob modern oder ländlich-rustikal. Auch Anfängern wird die Anfertigung dieses unkomplizierten Modells viel Freude bereiten.

SCHRITT **1**

Bereits einige Wochen vorher sollten Sie die Zweige schneiden und fest zu einem Kranz zusammenbinden. So getrocknet, behalten sie später ihre Form. Den getrockneten Kranz aus Zweigen öffnen Sie wieder und binden die dickeren Stiele kräftig mit Wickeldraht zusammen. Die Bindestelle wird mit Moos überwickelt.

MATERIALIEN:
- Weiden- oder Birkenzweige
- 1 Hand voll Moos
- ca. 30 getrocknete Stiefmütterchen
- 2-3 Efeuranken
- 1 Rolle dünner Wickeldraht

WERKZEUGE:
Rosenschere, Drahtschere, Klebepistole

HERSTELLUNGSZEIT:
ca. 1 Stunde

SCHRITT **2**

Damit die Kranzform entsteht, verbinden Sie nun die dünneren Zweigspitzen einzeln mit Wickeldrahtstücken. Der Draht ist so dünn, daß man ihn später kaum sieht. Besonders wichtig ist, daß der Kranz im unteren Bereich möglichst locker und duftig wirkt.

SCHRITT **3**

Zuletzt befestigen Sie mit der Klebepistole ringsum die Stiefmütterchen. Achten Sie darauf, die kleineren Blüten im oberen und die größeren im unteren Bereich des Kranzes zu verteilen. Dadurch wird die Kranzform noch besser herausgearbeitet.

BLÜTENBÄUMCHEN

Als farbenfroher Willkommensgruß am Eingang, in der Diele oder an einem sonnigen Platz in der Wohnung ist dieses Bäumchen genau richtig. Es wirkt leicht und verspielt und schafft eine freundliche Atmosphäre. Zu besonderen Anlässen, etwa einem Kindergeburtstag, kann das Blütendekor durch andere Elemente ersetzt oder ergänzt werden.

MATERIALIEN:

- 1 geeignetes Gefäß, evtl. Terrakottatopf
- 2-3 Steckschwämme
- 1 Handvoll getrockneter Staudenknöterich (*Reynoutria*)-Stiele
- 1 Rolle Schmuckdraht in Gold
- Steckdraht, ca. 1,2 x 350 mm
- trockene Zweige oder Ranken
- getrocknete Rosen, Stiefmütterchen, *Helipterum* (= *Acroclinium*) oder andere Trockenblumen in leuchtenden Farben

WERKZEUGE:

Messer, Rosenschere, Drahtschere, Klebepistole

HERSTELLUNGSZEIT:

ca. 3-4 Stunden

SCHRITT 1

Nachdem Sie die Staudenknöterich-Stiele auf passende Länge zugeschnitten haben, umwickeln Sie sie fest mit dem Schmuckdraht.

SCHRITT 2

Dann füllen Sie Ihr Gefäß mit den Steckschwämmen. Sie müssen gut verkeilt werden. Mit dem Messer schneiden sie ein passendes Loch für die gebündelten Stiele und verkleben den Stamm senkrecht in der Öffnung.

SCHRITT 3

Drahten Sie jetzt die Ranken mit Steckdraht an (siehe S. 14) und verankern Sie diese von oben in den hohlen Stielen des Stämmchens. Sie sollten so viele Ranken verwenden, daß Ihr Bäumchen eine möglichst geschlossene Kuppel bildet. Gegebenenfalls können die Ranken mit der Klebepistole fixiert werden. Abschließend bekleben Sie die Zweige rundum mit Blüten. Soll das Bäumchen noch filigraner und edler aussehen, überhängen Sie es noch mit etwas Schmuckdraht.

GEFÜLLTES BLUMENKÖRBCHEN

Ländliche Idylle verbreitet dieses mit Physalis und Kugeldisteln gefüllte Körbchen. Sie können damit auch abgenutzte Körbe oder andere Behältnisse zu neuem Leben und Glanz erwecken. Auch jahreszeitliche Varianten oder Änderungen im Format bleiben Ihrem Geschmack überlassen.

SCHRITT 1

Zunächst biegen Sie die Zweige zu einem Bogen, der mit den Steckdrähten am Korbbügel oder auch am Korbrand befestigt wird. Den Draht fest anziehen, damit die Zweige nicht verrutschen können. Anschließend umwinden Sie den Bügel mit den Efeuranken.

SCHRITT 2

Wenn dieses Grundgerüst steht, können Sie damit beginnen, die Blüten einzukleben. Betonen Sie den Bügelansatz mit den Rosenköpfen; die anderen Blüten werden über den Bogen verteilt.

SCHRITT 3

Die Lampionblumen und Kugeldisteln legen Sie einfach in das Körbchen. Drei Stiefmütterchenblüten an jeder Korbseite setzen den letzten Akzent.

HINWEIS:
Einen größeren Korb können Sie vorher mit Papier oder Moos auffüllen. Dadurch sparen Sie eine beträchtliche Menge an Material ein.

MATERIALIEN:
- 1 Korb (mit oder ohne Bügel)
- einige biegsame Zweige, der schönen Färbung wegen möglichst Hartriegel (*Cornus alba* 'Sibirica')
- 4-5 Efeuranken
- 1 Bund orangefarbene *Gomphrena*
- 1 Bund rote Rosen
- 1 Bund *Helipterum* (= *Acroclinium*)
- 2-3 Stiele Lampionblumen (*Physalis*)
- 1 Bund Kugeldisteln (*Echinops ritro*)
- 6 Stiefmütterchenblüten, salzgetrocknet (siehe S.12)
- ca. 10 Steckdrähte, 0,5 x 250 mm

WERKZEUGE:
Rosenschere, Drahtschere, Kombizange, Klebepistole

HERSTELLUNGSZEIT:
ca. 2 Stunden

BUNTES OSTERNEST

Eine Alternative zu den bemalten oder gefärbten Eiern, die zum Osterfest in keinem Hause fehlen, sind diese selbst gefertigten Moos- oder Blatteier. Nest und Eier sind leicht gemacht und Sie haben zudem die Möglichkeit, eine Vielzahl an Resten und Materialien kreativ zu verwenden. Je nach Gestaltung ist dieses Arrangement auch nach dem Osterfest noch aktuell, wenn Sie es mit anderen Dingen füllen (z. B. Früchten).

HINWEIS:
Der Korb sollte nicht zu klein sein, damit mehrere, mindestens mittelgroße Eier darin Platz finden.

MATERIALIEN:
- 1 Korb
- 1 Hand voll Plattenmoos
- Zeitungs- bzw. Packpapier oder Holzwolle
- Ranken der Waldrebe (*Clematis vitalba*)
- 4-5 Efeuranken
- 1 Hand voll Trockenblüten- und Blattreste
- Garn in mehreren Farben
- 1 Rolle Wickeldraht
- 3-5 Bouillondrähte
- 1 Rolle Schmuckdraht in Gold

WERKZEUGE:
Rosenschere, Drahtschere, Bandschere, Klebepistole

HERSTELLUNGSZEIT:
ca. 2-3 Stunden

SCHRITT 1

Füllen Sie den Boden des Korbes mit Moos aus. Innen und außen umschlingen Sie ihn mit den Waldreben- und Efeuranken; darunter können auch einige farbige Fäden sein. In diese Ranken kleben Sie jetzt ihre Trockenblüten.

SCHRITT 2

Aus Papier oder Holzwolle formen Sie nun Eier in verschiedenen Größen. Sie werden fest und reichlich mit Wickeldraht umwickelt, so daß sie noch nachformbar sind. Bekleben Sie die Eier mit Moos oder Blättern oder umwickeln Sie sie mit Garnresten. Je verschiedenartiger die verwendeten Materialien sind, desto reizvoller wirkt Ihr Osternest.

NEST MIT STRAUSSENEI

Wer schlichte und doch außergewöhnliche Dekorationen bevorzugt, wird in diesem Nest eine willkommene Anregung finden. Die Arbeit ist weder zeit- noch materialaufwendig und wirkt durch ihre Klarheit besonders auch in modernen Räumen. Wenn Sie genügend Platz zur Verfügung haben, können Sie das Nest bis zu einem Meter groß anlegen und, auf dem Boden plaziert, mit Ihrem gesamten Eier- oder sonstigem ausstellbaren Bestand füllen.

MATERIALIEN:
- 1 Straußenei (oder auch 3 Gänseeier)
- 10 m Clematis- oder Knöterichranken
- 4-5 Efeuranken
- 4-5 rote Hartriegelzweige (*Cornus alba* 'Sibirica')
- 5-7 rötliche Herbstblätter
- 1 Hand voll Moos
- eventuell ein paar Flechtenzweige

WERKZEUGE:
Rosenschere, eventuell Klebepistole

HERSTELLUNGSZEIT:
ca. 1 Stunde

SCHRITT 1

Winden Sie aus den Ranken ganz einfach ein dickes Nest. Damit es seine Form behält, schieben und flechten Sie die Hartriegelzweige in geeigneter Weise dazwischen.

SCHRITT 2

Zwischen und in den Ranken und Zweigen werden die Herbstblätter locker verteilt. Wenn Sie das Nest nicht transportieren müssen, ist es nicht einmal notwendig, die Blätter einzukleben.

SCHRITT 3

Anschließend umwinden Sie das Nest mit kleinblättrigen Efeuranken

SOMMERLICHE BLÜTENSCHALE

Mit einem Untergrund in kräftigen Tönen und salzgetrockneten Blüten in gleichfalls leuchtenden Farben lassen sich kontrastreiche und daher sehr lebendig wirkende Arrangements zusammenstellen. Besonders leicht wirkt dieser Kranz aus Trockenblumen und Ranken in einer opaken Glasschale.

MATERIALIEN:

- 1 blaue Glasschale, ca. 30-40 cm groß
- 1 Hand voll trockener Ranken
  z. B. Waldrebe (*Clematis vitalba*), Knöterich o. ä.
- 3-4 kleinblättrige Efeuranken
- 7 kleine, salzgetrocknete Sonnenblumen
  oder Sonnenbraut (siehe S.12)
- 9 verschiedenfarbige Ranunkeln,
  salzgetrocknet

WERKZEUGE:
Rosenschere, Klebepistole

HERSTELLUNGSZEIT:
ca. 1 Stunde

SCHRITT **1**

Formen Sie aus den Ranken ein lockeres, nestartiges Gebilde. Zweige, die sich nicht einbinden lassen, schneiden Sie mit der Schere ab.

SCHRITT **2**

Nun werden die Efeuranken in den Kranz geflochten.

SCHRITT **3**

Abschließend fixieren Sie die Blüten mit der Klebepistole. Verteilen Sie sie nicht zu gleichmäßig, sondern bilden Sie kleine Gruppen. Betrachten Sie die Schale beim Dekorieren immer wieder von allen Seiten und denken Sie daran, auch im Inneren der Ranken Blüten zu plazieren.

BUNTER WIESENKRANZ

Für diesen natürlichen, fast gewachsen wirkenden Kranz ist Perfektionismus nicht gefragt! Vielmehr kommt es darauf an, eine lockere und dennoch harmonisch wirkende Verteilung der Trockenblumen zu erzielen. Je ungezwungener und schwungvoller Sie ans Werk gehen, desto bezaubernder wird das Ergebnis ausfallen. Suchen Sie bereits vorher einen geeigneten Platz für den Kranz, damit Sie die Größe richtig bestimmen können. Ihren ganzen Charme entfaltet der Kranz auf einem rustikalen Untergrund.

MATERIALIEN:
- 1 Bund Strohblumen
- 1 Bund rote oder orange *Gomphrena*
- 1 Bund rote Rosen
- 1 Bund Kugeldisteln (*Echinops ritro*)
- 1 Bund *Helipterum* (= *Acroclinium*)
- 2 Stiele Lampionblumen (*Physalis*)
- 1 Bund Weizen
- 5 lange, getrocknete Gräser
- 1 Hand voll dünner Birkenzweige
- 6 getrocknete Stiefmütterchenblüten
- 1 Rolle Wickeldraht

WERKZEUGE:
Rosenschere, Drahtschere, Klebepistole

HERSTELLUNGSZEIT:
ca. 2 Stunden

SCHRITT 1

Aus den Birken-zweigen winden Sie einen duftigen Kranz, den Sie durch lockeres Umwickeln der Zweige mit Draht in Form bringen. Dabei nicht zu fest anziehen, damit die Transparenz erhalten bleibt. Je größer der Kranz werden soll, desto leichter und durch-sichtiger sollte er wirken.

SCHRITT 2

Trennen Sie nun die Köpfe der Trockenblumen mit der Rosen-schere von den Stielen. Mit der Klebepistole ver-teilen Sie die Blüten unregelmäßig auf der Außen- und Innenseite des Kranzes. Durch die Blüten im inneren Bereich gewinnt er an Tiefe und wirkt noch plastischer.

SCHRITT 3

Zur Betonung der Rundung ziehen Sie abschließend die Gräser durch den Kranz. Befestigen Sie an der Rück-seite eine kleine Öse aus Wickeldraht, an der Sie den Kranz aufhängen können.

GRÄSERKRANZ

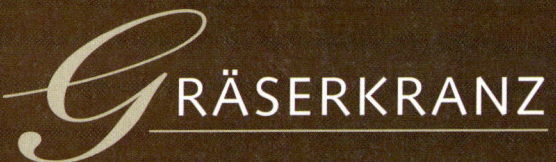

Ein schöner Sommertag verlockt dazu, das Fahrrad herauszuholen, Rosenschere oder Messer einzupacken und in die Wiesen und Felder hinauszufahren, wo jetzt überall Gräser blühen. Sie bilden das Grundmaterial für diesen eindrucksvollen Wandkranz, sollten beim Schnitt aber noch nicht zu reif sein, damit sie später nicht abfallen. Nehmen Sie reichlich davon mit, denn ein wirklich dekorativ aussehender Kranz darf nicht zu klein werden. Und wählen Sie auch Gräser mit fülligen Ähren, damit er richtig dicht wird. Der Kranz ist einfach zu arbeiten, aber sehr zeitintensiv.

MATERIALIEN:
- 1 Steckunterlage für Trockenkränze, Durchmesser 35-50 cm
- ca. 50 Steckdrähte, 1,2 x 350 mm
- 1 Arm voll fülliger Wiesengräser
- 3-4 Efeuranken, 50 - 150 cm lang
- ca. 2 m Schleifenband, 4-6 cm breit

WERKZEUGE:
Drahtschere, Rosenschere, Bandschere

HERSTELLUNGSZEIT:
ca. 3-4 Stunden

SCHRITT 1

Aus den Ähren der gesammelten Gräser bilden Sie kleine Büschel, die Sie mit der Rosenschere auf ca. 5-7 cm abschneiden. Diese Büschel werden nun angedrahtet (siehe S. 14) und überstehende Drahtenden bis auf eine Länge von etwa 2 cm mit der Drahtschere gekürzt.

SCHRITT 2

Wenn die ersten zehn Büschel fertig sind, stecken Sie diese probeweise in die Kranzunterlage. So können Sie feststellen, ob die Büschel die richtige Länge haben und zur Proportion des Kranzes passen. Am besten kann man dies an der Innenseite des Kranzes erkennen.

SCHRITT 3

Ist der Kranz fertig gesteckt, binden Sie eine Schleife (siehe S. 16), drahten diese an und stecken sie seitlich in den Kranzkörper. Abschließend winden Sie die Efeuranken um den Kranz. Anfang und Ende der Ranken werden gleichfalls angedrahtet und im Kranz verankert.

TROCKENBLUMEN-KISTE

Ein Blumenbeet im Miniformat – auf diese Weise können alle Arten von Trockenblumen miteinander arrangiert werden. Beim Zusammenstellen der Korbfüllung sollten Sie lediglich auf ausgeprägte Kontraste in Form, Farbe und Oberflächenstruktur achten. Besonders reizvoll wirkt das Gesteck, wenn die Auswahl der Blumen mit dem Flair des geplanten Aufstellungsortes harmoniert.

MATERIALIEN:
- 1 Korb oder 1 Holzkiste
- 2-3 Trockensteckschwämme
- 20-30 Steckdrähte, 1,6 x 400 mm
- 4-5 Bund Rosen
- 5-7 Bund Lavendel
- Clematis- oder Efeuranken

WERKZEUGE:
Rosenschere, Drahtschere, Messer, Klebepistole

HERSTELLUNGSZEIT:
ca. 1-2 Stunden

SCHRITT 1

Schneiden Sie den Steckschwamm in passender Größe für Ihr Behältnis zu. Der Schwamm sollte mindestens 2 cm unterhalb des Gefäßrandes liegen, damit er später nicht zu sehen ist.

SCHRITT 2

Nun stecken Sie die Blumen in kleinen Büscheln – je nach Größe zwischen fünf und zehn Stück – in den Schwamm. Jede Blumenart sollte eine andere Stiellänge haben, damit sie sich deutlich voneinander abheben. Auch sollten Sie leichte, helle und filigrane Blüten höher setzen als runde und schwere Blumen.

SCHRITT 3

Gegebenenfalls können Sie beim Befestigen der Stiele ein wenig mit der Klebepistole nachhelfen. Clematis- oder Efeuranken runden die Arbeit ab und nehmen ihr die Strenge. Sollten Sie keine Ranken zur Hand haben, verwenden Sie einfach ein passendes Band, das Sie um den Korb schlingen und vorne mit einer Schleife verknoten (siehe S.16).

LAVENDELTOPF

Die zarte Farbe des Lavendels – kombiniert mit verschiedenen Grüntönen – und sein betörender Duft machen den Reiz dieses Arrangements aus. Zusammen mit dem goldumwickelten Herz bildet der Topf ein stimmungsvolles Geschenk.

SCHRITT 1

Den Tontopf füllen Sie bis ca. 4 cm unter den Rand mit dem Steckschwamm. Dann kürzen Sie die Lavendelstiele auf die gewünschte Länge und bestecken den Schwamm mit kleinen Büscheln von jeweils fünf Stück. Achten Sie darauf, daß sich an der Oberfläche keine Lücken zeigen.

SCHRITT 2

Jetzt winden Sie aus Ranke und Kordel einen Ring um den Tontopf.

SCHRITT 3

Wenn Sie vorher Maß nehmen und den Ring etwas kleiner anlegen, können Sie ihn einfach von unten über den Topfrand schieben.

SCHRITT 4

Dann zerteilen Sie die Hortensie in kleine Büschel, drahten sie an (siehe S. 15) und stecken sie zwischen Topfwand und Lavendel in den Schwamm

HINWEIS:

Die Hortensie sollten Sie vor der Verarbeitung anfeuchten, damit sie nicht so leicht bricht.

MATERIALIEN:

- 1 alten Tontopf (Durchmesser 12-18 cm)
- 1 Ziegel Trockensteckschwamm
- 1 Handvoll Plattenmoos
- 4-8 Bund getrockneten Lavendel (je nach Topfgröße)
- 1 grüne, getrocknete Hortensie
- 1 Rolle Schmuckdraht in Gold
- 1 Steckdraht, 1,2 x 350 mm
- ca. 10 Steckdrähte, 0,8 x 280 mm
- 1 getrocknete Ranke (Clematis o. ä.), ca. 1 m lang
- 1 Kordel, ca. 1,5 m lang

WERKZEUGE:

Drahtschere, Rosenschere, Messer, Klebepistole

HERSTELLUNGSZEIT:

ca. 1-2 Stunden

SCHRITT 5

Ein kleines Moosherz ergänzt die Dekoration. Seine Form wird mit Golddraht herausgearbeitet und fixiert. Stecken Sie es mit einem 10 bis 15 cm langen Stück des stärkeren Steckdrahts über der Schleife in den Topf.

Muscheltopf

Warum die am Strand gesammelten Muscheln aus dem Badeurlaub nicht dekorativ arrangieren? So bleiben Ihnen die Erinnerungen an die „schönste Zeit im Jahr" lange erhalten und verschwinden nicht in irgendeiner Schublade.

MATERIALIEN:
- 1 -2 Handvoll Muscheln
- 1 Tontopf
- etwas Moos
- 1 kugeliger Trockensteckschwamm in Tontopfgröße
- 1 Rolle dünnen Gold- oder Silberdraht
- Schmuck- oder Bouillondraht in Gold
- 1 Efeuranke

WERKZEUGE:
Messer, Klebepistole, Drahtschere

HERSTELLUNGSZEIT:
ca. 1 Stunde

SCHRITT 1

Drücken Sie den kugeligen Steckschwamm fest in den Topf; er sollte bis zur Hälfte herausragen. Bekleben Sie Ihren Tontopf nun mit Moos und umwickeln ihn dann so lange mit dem Gold- oder Silberdraht, bis das Moos rundum gleichmäßig anliegt.

SCHRITT 2

Nun können Sie die Muscheln mosaikartig auf den Steckschwamm aufkleben. Vorsicht - Verbrennungsgefahr!

SCHRITT 3

Wenn der gesamte Schwamm mit Muscheln bedeckt ist, können Sie den Topf noch mit Efeuranken umschlingen (dazu vorher einige Blätter entfernen). Zum Abschluß wird der ganze Topf nochmals reichlich mit Schmuck- bzw. Bouillondraht umwickelt.

Der rustikale Korb

Zauberhafte sommerliche Atmosphäre verbreitet dieser ländlich wirkende Korb mit duftigen Ranken. An einem stimmungsvollen Platz im Garten, als Tischdekoration oder als einladender Gruß in der Diele des Hauses entwickelt er seinen ganzen Charme.

MATERIALIEN:

- 1 Korb oder anderes Gefäß
- 1-2 Steckschwämme
- 1 Bund Rosen
- 1 Bund Strohblumen
- 1 Wurzel oder 1 knorriger Zweig
- 1 Bund Weizen
- 1 Bund Frauenmantel (*Alchemilla*)
- 1 Handvoll Ranken
- ca. 2 m Schleifenband
- 3-5 Schneckenhäuser
- 1 Hand voll Moos
- Steckdraht

WERKZEUGE:

Drahtschere, Rosenschere, Bandschere, Klebepistole

HERSTELLUNGSZEIT:

ca. 2 Stunden

SCHRITT 1 *Steckschwämme schneiden und in das Gefäß setzen. Die Wurzel seitlich über dem Korb anbringen und mit der Klebepistole oder Steckdraht befestigen.*

SCHRITT 2

Jetzt werden getrocknete Blumen büschelweise auf die gewünschte Länge zugeschnitten und in den Schwamm gesteckt. Weiche Stiele vorher mit dünnem Steckdraht andrahten (siehe S. 14). Insgesamt sollte so dicht gesteckt werden, daß der Boden des Korbs nicht mehr zu sehen ist. Fertigen Sie dann ein kleines Herz aus Moos an (siehe S. 42), das von der Rückseite her mit Steckdraht durchstoßen und vorne über den Korbrand in den Schwamm gesteckt wird.

SCHRITT 3 *Um den Korb schlingen Sie von hinten nach vorne das Schleifenband und knoten es am oberen Korbrand zusammen. Überstehende Reste des Knotens abschneiden. Aus demselben Band zusätzlich eine großzügige Schleife binden (siehe S. 16) und mit Steckdraht verankern. Um dem Arrangement natürliches Flair zu verleihen, wird abschließend alles mit filigranen Ranken umsponnen.*

TOPF MIT MOOSHERZ

Eine einfache, aber herzliche Geschenkidee, bei der Sie mit wenig Zeit und nur geringem Materialaufwand große Wirkung erzielen können. Auch als liebevolle Dekoration im eigenen Heim eine freundliche Geste.

MATERIALIEN:
- 1 alter Tontopf
- 1 Trockensteckschwamm
- einige kleine Kieselsteine
- 1 Handvoll Moos
- 1 Dolde der Herkulesstaude
- 1 Rolle Wickeldraht, grün lackiert
- 1 Rolle Schmuckdraht in Gold
- 1 Steckdraht, 1,2 x 350 mm

WERKZEUGE:
Messer, Rosenschere, Drahtschere, Bandschere, Klebepistole

HERSTELLUNGSZEIT:
ca. 1 Stunde

SCHRITT 1
Füllen Sie den Topf bis ca. 2 cm unter den Rand mit dem Trockensteckschwamm.

SCHRITT 2
Dann formen Sie aus dem Moos eine Herzform und umwickeln sie reichlich mit Schmuckdraht. Sollte die Form nicht gut gelungen sein, haben Sie jetzt noch die Möglichkeit, sie nachzuformen.

SCHRITT 3
In die Spitze des fertigen Moosherzes schieben Sie dann den Steckdraht, bis etwa noch 10 cm Draht überstehen; damit stecken Sie das Herz in die Mitte des Schwamms.

SCHRITT 4
Zerlegen Sie nun die Dolde der Herkulesstaude in ihre Einzelteile; sie werden angespitzt und rund um das Herz befestigt. Abschließend geben Sie die Kieselsteine in den Tontopf, um den Steckschwamm abzudecken. Soll das Arrangement transportiert werden, empfiehlt es sich, die Kieselsteine mit der Klebepistole zu fixieren.

DISTELKRANZ

Disteln, die man überall auf Trockenwiesen und an Unkrautsäumen findet, blühen im Spätsommer. Ihre kugeligen Knospen müssen zu einem frühen Zeitpunkt geschnitten werden – wenn sich die ersten Blüten öffnen. Ist die Distel bereits verblüht, wird sie später braun und unansehnlich. Verwenden Sie nur die großen Distelknospen, damit sich die kleinen noch weiterentwickeln und erblühen können. Es genügt, wenn Sie die Stiele in einer Länge von ca. 5-10 cm abschneiden.

SCHRITT 1

Zunächst bestecken Sie den Kranzkörper innen und außen mit dem kleinblättrigen Eichenlaub.

SCHRITT 2

Dann werden aus den Distelknospen kleine Büschel gebildet und angedrahtet (siehe S.15). Achten Sie beim Schneiden und Drahten auf gleiche Längen, damit der Kranz auch gleichmäßig rund wird. Anschließend bestecken Sie den Ring insgesamt mit den angedrahteten Büscheln. Da die Disteln kleine Widerhaken besitzen, lassen sie sich gut aneinanderfügen und verdichten.

MATERIALIEN:
- 60-80 Blütenknospen einer Distel
- 1 Steckring für Trockenblumen, Durchmesser 30 cm
- ca. 50 Steckdrähte, 1,2 x 350 mm
- 1 Hand voll kleinblättriges Eichenlaub
- ca. 2 m Schleifenband

WERKZEUGE:
Rosenschere, Messer, Bandschere

HERSTELLUNGSZEIT:
ca. 3 Stunden

SCHRITT 3

Zum Abschluß können Sie den Kranz mit einem Band – oder, wie abgebildet, auch mit zwei kombinierten Bändern – umschlingen. Ihrer Kreativität sind hierbei keine Grenzen gesetzt. Wählen Sie aber keine zu kräftigen Farben, damit das zarte Silbergrau und Violett der Disteln gut zur Geltung kommt.

$\mathscr{S}$ONNENBLUMENBAUM

Ein Vorschlag für klare, geometrische Ge-staltungen, die sich in allen Größen und mit nahezu allen Materialien realisieren lassen. Als Faustregel gilt jedoch: Je größer das Werkstück, desto größer auch die zu ver-wendenden Materialien. Dieses Bäumchen spiegelt den Spätsommer in seinen typischen Farben wider. Aber auch mit Tannenzapfen und weihnachtlichem Dekor ist solch ein Baum ein Schmuckstück.

SCHRITT 1

Füllen Sie den Topf oder Korb für den Kegelbaum voll-kommen mit den Steckziegeln aus; das ist wichtig, damit später keine Bruchstellen auftreten. Einzelstücke werden mit der Klebepistole verbunden. Jetzt sägen Sie den Holzstamm oder -stab ungefähr auf die Höhe des Steckschwammkegels zu. Beide Enden mit Messer oder Säge anspitzen.

SCHRITT 2

So vorbereitet, drücken Sie den Stamm etwa 10 cm in den Topf und anschließend den Kegel genauso tief auf den Stamm. Damit das Kegelbäumchen auch wirklich fest sitzt, fixieren sie es zusätzlich mit der Klebepistole und richten die Teile endgültig aus.

SCHRITT 3

Nun umschlingen Sie den Stamm mit den Efeu-ranken. Beginnen Sie dann, den Kegel von unten nach oben und in gleichmäßigen Abständen mit Sonnenblumen zu bestecken. Falls die ge-trockneten Sonnenblumen keine festen bzw. zu kurze Stiele haben, müssen diese mit Steckdraht angedrahtet (siehe S.14) und auf ca. 5 cm Länge gekürzt werden.

Größere Blüten kommen nach unten, kleinere nach oben. Kontrollieren Sie dabei auch laufend die Umrißform des Kegels. In die Zwischenräu-me werden anschließend die Weinblätter ge-klebt. Auch hier gilt: von unten nach oben in abnehmender Größe. Zur Dekoration können sie getrocknete Früchte, wie z. B. Orangen, Kastanien oder kleine Zierkürbisse, auf das Gefäß legen. Zum Schluß kleben Sie auch den Steckschwamm im Topf und die Kegel-unterseite mit Wein-blättern ab.

MATERIALIEN:

- 1 kegelförmiger Trockensteck-schwamm (Bastelmarkt oder Fachgeschäft)
- 2-4 Trockensteckschwämme (Ziegelform)
- 1 Holzstamm oder Holzstab, 30-50 cm
- 1 Topf oder Korb
- 50-70 getrocknete Zierweinblätter
- 20-30 getrocknete Sonnenblumen
- 2-3 Efeuranken
- 25-30 Steckdrähte, 1,2 x 350 mm

WERKZEUGE:

Messer, Säge, Rosenschere, Drahtschere, Bandschere, Klebepistole

HERSTELLUNGSZEIT:

ca. 2-3 Stunden

Topf mit Hortensien

Nostalgische Spätsommergefühle stellen sich beim Anblick dieses Hortensientopfes ein. Hortensien erleben in den letzten Jahren eine enorme Renaissance, weil sie Natürlichkeit mit Romantik verbinden. Außerdem sind sie sehr haltbar und können im eigenen Garten ohne großen Aufwand angebaut werden. Je großzügiger Sie die Hortensien verarbeiten, um so besser kommen sie zur Wirkung.

MATERIALIEN:

- 10-15 getrocknete Hortensien
- 2-3 Steckschwämme (für Trockenblumen)
- ca. 20 Zierwein-Blätter
- 2-3 trockene Ranken (z. B. *Clematis vitalba*)
- 1 Terrakottatopf, 25-30 cm Durchmesser
- Alt- oder Zeitungspapier
- ca. 30 Steckdrähte, 1,6 x 45 cm

WERKZEUGE:

Messer, Rosenschere, Drahtschere

HERSTELLUNGSZEIT:

ca. 1-2 Stunden

SCHRITT 1

Um Steckschwämme zu sparen, füllen Sie den Topf zu drei Vierteln mit Papier aus. Dann schneiden Sie die Schwämme passend zu und pressen sie fest hinein.

HINWEIS:

Bevor Sie getrocknete Hortensien verarbeiten, lassen Sie sie eine Nacht draußen liegen, damit sie etwas Feuchtigkeit aufnehmen. So fügen sie sich beim Stecken besser zusammen und zerbrechen nicht so leicht.

SCHRITT 2

Nun werden die Hortensien und die Zierwein-Blätter angedrahtet (siehe S. 14). Lassen Sie die Drähte möglichst lang stehen, damit sie gut verankert werden können.

SCHRITT 3

Den Topf bestecken Sie abwechselnd mit Hortensien und Zierwein-Blättern. Arbeiten Sie von außen nach innen und beginnen Sie mit den Zierwein-Blättern am äußeren Rand.

MATERIALIEN:

- 1 Weidenkorb, Durchmesser ca. 40 cm
- 5-7 Steckschwämme (Ziegelform)
- Zeitungs- oder Packpapier
- ca. 20 Steckdrähte, 1,8 x 500 mm
- 8 getrocknete Granatäpfel
- 3 Bund getrocknete rote Peperoni
- 3 Hortensienblüten, 3 Sonnenblumen
- 4-5 Efeu- oder Clematisranken
- 10 getrocknete Weinblätter
- 3 Bund rote Rosen
- 1 Zopf Knoblauch
- 2 Bund Lavendel
- 5 Schneckenhäuser
- 3 Bund Getreideähren
- 3 Maiskolben
- 7 Zierkübisse
- Plattenmoos

WERKZEUGE:

Rosenschere, Drahtschere, Messer, Bandschere, Klebepistole

HERSTELLUNGSZEIT:

ca. 2 Stunden

HERBSTLICHER ERNTEKORB

Ein Korb, der die üppige Ernte im Herbst anschaulich und greifbar macht. Verwenden können Sie alles, was zu dieser Jahreszeit reift oder blüht. Entscheiden Sie sich aber für eine Füllung, die mindestens den Winter übersteht, da Sie sonst laufend Materialien auswechseln müssen. Auf dem Fußboden oder auf einer schönen alten Truhe entfaltet ein derartiger Herbstkorb seine ganze natürliche Pracht.

SCHRITT **1**

Füllen Sie den Korb zu drei Vierteln mit Papier. Dann schichten Sie eine komplette Lage Steckschwämme auf und verkleben die einzelnen Ziegel mit der Klebepistole. Achten Sie darauf, daß sich die Schwämme gut im Korb verkeilen. Anschließend kleben Sie aus einigen passend zugeschnittenen Ziegeln eine starke Wölbung auf die erste Lage. Diese zweite Schicht wird zusätzlich mit geknickten Steckdrähten gesichert.

SCHRITT **2**

Nachdem die gesamte Oberfläche mit Plattenmoos abgedeckt ist, wird der Korb vom Rand aus nach innen gefüllt. Je nach Material müssen Sie kleben oder die Elemente mit Steckdrähten befestigen. Alle frischen Früchte, wie z. B. Zierkürbisse, dürfen nicht verletzt werden, da sie sonst schnell verfaulen. Diese stützen Sie einfach mit angedrahteten Materialien ab.

SCHRITT **3**

Den Korb mit Ranken und Efeu umwinden. So erhält er seine leichte, spielerische Note.

MATERIALIEN:

- 1 Gefäß
- 1-2 Trockensteckschwämme
- 1 Zierkürbis
- Gräser, Zweige, Baumrinden, Tontopfscherben
- 1 Bund Sonnenblumen
- 1 Bund getrocknete Pfefferbaum-Beeren
- 1 Bund rosa oder rote Rosen
- 2-3 Efeuranken
- ca. 70 cm Schleifenband
- 1 Handvoll Moos

WERKZEUGE:

Klebepistole, Messer, Rosenschere, Bandschere

HERSTELLUNGSZEIT:

ca. 1-2 Stunden

$\mathcal{S}$CHALE MIT KÜRBIS

Kürbisse sind typische Früchte des Herbstes und in vielerlei Formen, Farben und Größen erhältlich. Da sie in der Regel viele Wochen oder auch Monate haltbar sind, eignen sie sich besonders für die Kombination mit Trockenblumen. Bitte achten Sie darauf, die Kürbisse beim Verarbeiten nicht zu verletzen. Es besteht sonst die Gefahr, daß sie innerhalb kürzester Zeit faulen. Sie sollten die Kürbisse erst dann einkaufen, wenn Sie sich für eine Gefäßgröße entschieden haben und mit der Arbeit beginnen wollen.

SCHRITT 1

Zuerst schneiden Sie den Trocken-
steckschwamm in passende Stücke
und befestigen ihn mit der Klebe-
pistole im Gefäß. Mit dem Moos
decken Sie den Steckschwamm
gleichmäßig ab.

SCHRITT 2

Nun arrangieren Sie zuerst
die Kürbisse, Baumrinden
und Zweige. Falls sie nicht
sicher liegen, können Sie
Baumrinde und Zweige mit
der Klebepistole befestigen.
Die Kürbisse aber nur hineinlegen, damit sie nicht ver-
letzt werden (Fäulnisgefahr!).

SCHRITT 3

Jetzt werden alle anderen
Materialien durch das Moos in
den Schwamm gesteckt. Sollte
eines der Elemente zu schwa-
che Stiele haben oder zu kurz
sein, können Sie es andrahten
(siehe S.14). Abschließend werden die Efeuranken und das
Band um das Arrangement geschlungen und befestigt.

Ein Herz aus Blumen

Für Romantiker ist ein Herz aus Trockenblumen unerläßlich. Man kann es auf ein Tischchen legen, an der Eingangstür oder einer Innenwand aufhängen. Auch in einen hübschen Karton verpackt, wird wohl kein Zweifel darüber bestehen, daß dieses Geschenk von Herzen kommt.

MATERIALIEN:
- 1 Herzunterlage (Biolit) aus dem Fachhandel
- 1 Handvoll Plattenmoos
- 1 Bund Pfefferbaum-Beeren
- ca. 40 Strohblumen
- ca. 20 Weizenähren
- ca. 20 Haferähren
- 4-5 Efeuranken
- 4 Steckdrähte, 1,0 x 280 mm

WERKZEUGE:
Rosenschere, Drahtschere, Klebepistole

HERSTELLUNGSZEIT:
ca. 2 Stunden

SCHRITT 1

Zuerst kleben Sie das Plattenmoos auf die Unterlage. Verwenden Sie dazu reichlich Klebstoff, damit ein geeigneter Untergrund für die Blüten und Ähren entsteht. Erst weiterarbeiten, wenn alles abgekühlt ist.

SCHRITT 2

Der Rand der Herzunterlage wird nun mit den Strohblumenköpfen eingefaßt. Achten Sie beim Bekleben darauf, daß die Herzform klar erhalten bleibt. In zweiter Reihe werden die Weizenähren, dann die Haferähren aufgeklebt. In den Rundungen müssen Sie die Ähren so lange festdrücken, bis der Klebstoff abgekühlt ist und fest wird. Vorsicht dabei: Verbrennungsgefahr!

SCHRITT 3

Zum Schluß bilden Sie die Herzform aus den Pfefferbaum-Beeren und setzen eine schöne Strohblüte in ihr Zentrum. Damit der Rand gut abgedeckt ist, schlingen Sie die Efeuranken außen um das Herz. Diese können Sie mit geknickten Steckdrähten fixieren.

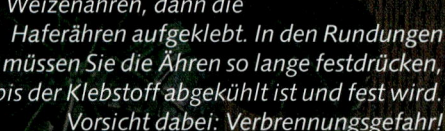

FRUCHT- UND BLÄTTERKRANZ

Zwischen August und Oktober hält die Natur alles bereit, was Sie für einen attraktiven Trockenkranz benötigen: verschiedenste Früchte und Beeren und herbstliche Blätter in einem breiten Spektrum an Formen und Farben. Auch wenn diese Pflanzen nicht geschützt sind, sollten Sie nur soviel davon schneiden und mitnehmen, wie Sie wirklich benötigen. Ein günstiger Zeitpunkt ist der Vormittag, denn Sie müssen den Kranz noch am gleichen Tag fertigstellen.

HINWEIS:
Bevor Sie mit der Arbeit beginnen, weichen Sie Ihre Steckunterlage in Wasser ein und lassen sie ein wenig abtropfen. Die Verbindung mit dem blau geglühten Steckdraht sorgt für die notwendige Stabilität, da dieser im feuchten Ring einrostet.

MATERIALIEN:
- 1 Steckunterlage für Frischblumen, Durchmesser ca. 45 cm
- ca. 15-20 Stiele Hagebutten und ähnliche Fruchtstände, z. B. von der Eberesche
- 3-4 Clematis-Ranken mit Fruchtständen
- ca. 10 Blätter in Herbstfärbung
- 3-5 Holundertrauben
- 5 Stiele Sauerampfer in schöner Färbung
- 5-7 Stiele Goldrute (*Solidago*)
- ca. 5 Karden (*Dipsacus*)
- ca. 5 Hortensiendolden o. ä. Blüten
- ca. 20 Steckdrähte (blau geglüht), 1,6 x 450 mm

WERKZEUGE:
Rosenschere, Drahtschere, Messer

HERSTELLUNGSZEIT:
ca. 1 Stunde

SCHRITT 1

Zu Beginn wird die Clematis-Ranke ganz um den Ring geschlungen und dabei mit geknickten Steckdrähten festgesteckt. Wiederholen Sie diesen Vorgang, bis die Unterlage leicht verdeckt ist.

SCHRITT 2

Dann drahten Sie alle Materialien an (siehe S. 14 f.) und bestecken damit den Kranzkörper. Die Zwischenräume werden mit den Herbstblättern – immer in Uhrzeigerrichtung ausgerichtet – aufgefüllt. Sollten die Blattstiele zu weich sein, kann man sie vorher gleichfalls andrahten.

SCHRITT 3

In die verbleibenden kleinen Lücken stecken Sie Hagebutten, Goldruten, Holunder, Hortensien, Karden und Sauerampferstiele. Ordnen Sie das Material insgesamt recht dicht an, da beim Trocknen ein Schrumpfungsprozeß stattfindet.

$\mathcal{S}$PIEGELGIRLANDE

Auf Spiegel richtet sich das Augenmerk in einem Raum. Warum sollte man sich diese Tatsache nicht zunutze machen, um kunstvollen Trockenpflanzenschmuck ins rechte Rampenlicht zu setzen? Mit einer herbstlichen Girlande oder anders gestalteten Elementen wird jeder Spiegel zum Erlebnis. Vielleicht können Sie auch noch geschickt mit optischen Reflexen spielen.

MATERIALIEN:
- 4-5 Hagebuttenzweige
- ca. 20 Zierwein-Blätter
- 3-5 Efeuranken
- 3 Hortensienblüten
- 1 Hand voll Moos
- Karton
- 1 Rolle Wickeldraht
- ca. 20 Steckdrähte, etwa 1,2 x 350 mm

WERKZEUGE:
Rosenschere, Drahtschere, Messer, Papierschere, Bandschere, Stift, Maßstab

HERSTELLUNGSZEIT:
ca. 1-2 Stunden

SCHRITT 1

Zuerst messen Sie Ihren Spiegel aus und schneiden die gewünschte Form der Unterlage aus Karton zurecht. Sollte der Karton zu schwach sein, können Sie ihn auf der Rückseite mit passend gebogenen Drähten bekleben. Dann befestigen Sie mit dem Wickeldraht das Moos. Nicht zu fest binden, damit Sie später die Zweige und Blätter darunterschieben können.

SCHRITT 2

Drahten Sie nun die Zierwein-Blätter zur Stütze mit dem passenden Steckdraht an (siehe S. 14). Auch die Hagebuttenstiele sollten Sie andrahten, damit sie nach dem Trocknen nicht herausfallen.

SCHRITT 3

Jetzt stecken Sie alle Materialien fest, jeweils an den Enden der Unterlage beginnend. Hervorstehende Drähte werden einfach nach hinten umgeknickt. Am Scheitelpunkt plazieren Sie die gleichfalls angedrahteten Hortensien.

MATERIALIEN:
- 1 wasserdichtes Gefäß, Durchmesser 10-15 cm
- Plattenmoos
- ca. 20 Hagebuttenzweige
- 5-10 Efeuranken
- ca. 10 m Naturbast
- 2-3 Steckschwämme für Frischblumen
- Steckdrähte
- 1 Rolle Schmuckdraht in Gold

WERKZEUGE:
Rosenschere, Messer, Bandschere

HERSTELLUNGSZEIT:
ca. 1 Stunde

HAGEBUTTENGESTECK

Im leuchtenden Herbstkleid präsentieren sich jetzt die Hagebutten. Hier wird eine Möglichkeit aufgezeigt, wie Sie diese herrlichen Früchte einfallsreich und angemessen in Szene setzen können. Für diese Gestaltung benötigen Sie nur wenig Zeit und Material, und zu Weihnachten können Sie dem Hagebuttengesteck beispielsweise mit etwas Goldspray nochmals »auf die Sprünge helfen«.

SCHRITT 1

Füllen Sie Ihr Gefäß so mit den vollgesogenen Steckschwämmen, daß mindestens 3-5 cm am Rand überstehen. Die Mooslage darüber wird mit gegabelten Steckdrähten fixiert.

SCHRITT 2

Jetzt stecken Sie die Hagebuttenzweige von links und rechts in den Schwamm. Das ganze Arrangement umwinden Sie mit Naturbast und binden die Zweige seitlich jeweils mit einer dicken Schleife zusammen.

SCHRITT 3

Um dem Objekt noch etwas Glanz zu verleihen, umspinnen Sie es mit Golddraht. Ziehen Sie diesen aber seitlich von der Spule, damit er geringelt bleibt. Später füllen Sie das Gefäß nicht mehr mit Wasser auf, damit die Zweige und Früchte langsam eintrocknen können.

WEIHNACHTLICHER STERN

Eine phantasievolle Alternative zum Türkranz in der Adventszeit ist dieser Stern. Auf eindringliche Weise zeigt er Besuchern und Hausbewohnern das nahende Weihnachtsfest an. Der Stern kann aus Trockenblumenresten und unterschiedlichsten Einzelteilen angefertigt werden, ist daher zudem preisgünstig und schnell gemacht. Natürlich können Sie auch andere, zum Anlaß passende Motive wählen – beispielsweise einen Mond, einen Tannenbaum oder Nikolausstiefel.

MATERIALIEN:
- 1 passendes Stück stabiler Pappkarton
- Moos
- Nüsse, Trockenblumenreste, Blätter, Moos, evtl. getrocknete Orangenscheiben u. v. m.
- Schleifenband, Kugelreste, Schmuckdraht in Gold

WERKZEUGE:
Papierschere, Stift und Lineal, Klebepistole

HERSTELLUNGSZEIT:
ca. 1 Stunde

SCHRITT 1

Zeichnen Sie auf dem Karton einen Stern in der gewünschten Größe und Form auf. Er wird ausgeschnitten und beidseitig mit Moos beklebt.

SCHRITT 2

Nun arrangieren Sie alle weiteren Materialien, die Ihnen zur Verfügung stehen, und fixieren sie mit der Klebepistole. Die einzelnen Bestandteile können Sie dabei ruhig übereinanderkleben - das verstärkt sogar die Plastizität des Sterns. Achten Sie aber darauf, daß dicke Gegenstände – wie Nüsse – in der Mitte plaziert werden.

SCHRITT 3

Zum Schluß umwickeln Sie den Stern mit dem Golddraht. Je mehr Sie davon verwenden, desto moderner wirkt der Stern. Als Aufhängung binden Sie eine kleine Schleife und kleben diese an einer Sternspitze fest. Die Schleifenenden werden so bemessen, daß der Stern an einen Nagel oder Haken aufgehängt werden kann.

GEWÜRZKRANZ FÜR DEN ADVENT

Die Weihnachtszeit stellt in der Regel auch den Höhepunkt der häuslichen Dekorationsbemühungen dar. Je kälter der Winter, desto mehr sehnen wir uns in den eigenen vier Wänden nach Wärme und Gemütlichkeit. Dabei spielen Düfte, Kerzenlicht und die Erinnerung an das Blühen der Natur für das Wohlbefinden eine große Rolle. In diesem weihnachtlichen Tischkranz verbinden sich diese Elemente zu einem harmonischen Ganzen.

HINWEIS:
Alle Zweige und Ranken in frischem Zustand schon einige Tage vorher fest zu einem Kranz zusammenbinden und trocknen lassen. So ist später beim Verarbeiten des trockenen Materials die runde Form leichter herzustellen.

MATERIALIEN:
- 10-12 Zweige
- 6-8 Clematis- oder Knöterichranken
- 15-20 Zimtstangen, ca. 5 cm lang
- 20-30 Goldkügelchen
- 10-15 Sternanis
- 1 Rolle Schmuckdraht in Gold
- 3 Bouillondrähte, gold
- 1-2 m Schleifenband
- 1 dicke, hohe Kerze

WERKZEUGE:
Rosenschere, Drahtschere, Bandschere, Klebepistole

HERSTELLUNGSZEIT:
ca. 2 Stunden

SCHRITT 1

Aus den getrockneten Zweigen und Ranken winden Sie einen lockeren Kranz. Statt ihn insgesamt mit Draht zu umwickeln, verbinden Sie nur einzelne Zweige mit dem Golddraht. Zur Abrundung wird er nochmals mit einer dünnen Ranke umwunden.

SCHRITT 2

Fassen Sie jetzt den Kranz mit dem Band ein, das Sie an der Vorderseite zu einer Schleife verknoten. Dann werden die Zimtstücke mit Golddraht und der Sternanis mit dem Bouillondraht zu einer lockeren Kette verbunden. Dabei sollten Sie auf möglichst gleichmäßige Abstände achten. Die fertigen Ketten schlingen Sie gleichfalls locker um den Kranz.

SCHRITT 3

Zuletzt kleben Sie – wiederum gleichmäßig verteilt – die kleinen Goldkugeln mit der Klebepistole fest. Sollten die Kügelchen an einem Draht aufgehängt sein, können Sie sie auch so an den Zweigen befestigen. Die große Kerze wird einfach zuletzt in die Mitte des Kranzes gestellt.

DUFTENDER ADVENTSKRANZ

Es müssen nicht immer Tannenzweige sein, aus denen man einen Adventskranz bindet. Auch Trockenblumen erzeugen weihnachtliche Stimmung – insbesondere dann, wenn warme Farbtöne vorherrschen – und verleihen dem Kranz gerade durch das ungewöhnliche Material ihren besonderen Reiz. Nach den Weihnachtstagen können Sie die Kerzen entfernen und das Gesteck als Tisch- oder Türkranz weiter verwenden.

SCHRITT 1

Erst werden die Kerzen angedrahtet. Dazu schneiden Sie mit der Drahtschere die vier stärkeren Steckdrähte jeweils in vier gleich lange Stücke. Diese halten Sie mit der Zange fünf Sekunden über eine Flamme und schieben sie dann ca. 1 cm tief von unten in die Kerze. Pro Kerze sollten es vier Stück sein. Nun können Sie die Kerzen gleichmäßig verteilt auf den Kranzkörper stecken.

SCHRITT 2

Schneiden Sie die Stiele der Trockenblumen auf eine Länge von ca. 2 cm ab. Bevor Sie den Kranz mit allen Materialien bestecken, müssen Sie Hortensien, Eichenlaub und Anaphalis auf jeden Fall mit dem dünnen Steckdraht andrahten (siehe S.14). Rosen und Gomphrena haben in der Regel so starke Stiele, daß sie direkt in den Schwamm gesteckt werden können. Die Lampionblumen mit Ihren zerbrechlichen Stielen wie auch die kleinen Goldkugeln sollte man mit der Klebepistole befestigen.

SCHRITT 3

Zum Stecken bilden Sie immer kleine Gruppen von drei bis fünf Blüten je Blumenart. Achten Sie darauf, daß der Kranz seine gleichmäßige, runde Form behält. Sollten einzelne Blüten abbrechen, können Sie diese mit der Klebepistole nachträglich ankleben.

HINWEIS:
Je größer die von Ihnen
gewählten Materialien sind,
desto weniger sollten Sie
davon verwenden,
um den Kranz nicht
zu überfrachten.

MATERIALIEN:
- 1 Ring aus Trockensteck-schwamm, Durchmesser 20-25 cm
- 2 Bund rote Rosen
- 2 Bund lachsfarbene Perlpfötchen (*Anaphalis*)
- 3 Bund orangefarbenen *Gomphrena*
- 3-4 Stiele Lampionblumen (*Physalis*)
- 1 Hortensiendolde
- 20-30 Goldkügelchen
- ca. 5 Stiele präpariertes Eichenlaub
- ca. 30 Steckdrähte, 0,7 x 280 mm
- 4 Steckdrähte, 1,6 x 160 mm
- 4 rote Stumpenkerzen, 4 x 5 cm

WERKZEUGE:
Drahtschere, Rosenschere, Zange,
Klebepistole

HERSTELLUNGSZEIT:
ca. 3-4 Stunden

WEIHNACHTLICHER TISCH

Ein festlicher, passend gedeckter Tisch gehört mit zu den stimmungsvollsten Arrangements zur Advents- und Weihnachtszeit. Kernstück dieses Gestaltungsvorschlags sind die Sterne und kleinen Weihnachtsbäume aus Moos, mit denen Sie immer neue Variationen – ob am Tisch oder anderswo im Raum – hervorzaubern können. Ihre ganz besondere Wirkung erhält die Tischdekoration natürlich in Verbindung mit der üppig grünen Girlande, die ganz einfach anzufertigen ist. Kerzen und einige weihnachtliche Beigaben wie Äpfel oder Nüsse vervollständigen den außergewöhnlichen Schmuck.

SCHRITT 1

Zeichnen Sie Sterne und Tannenbäume in beliebiger Größe und Anzahl auf Karton und schneiden Sie diese Formen aus.

SCHRITT 2

Dann wickeln Sie mit Golddraht das Plattenmoos um die Figuren.

SCHRITT 3

Die Oberflächen werden mit dekorativ angeordneten Beeren verziert. Zur Befestigung verwenden Sie die Klebepistole. Sie können die Bäumchen und Sterne in den Tontöpfen arrangieren, wenn an der Unterseite ein Stück Steckdraht eingeschoben oder angeklebt wird.

SCHRITT 4

Nun füllen Sie die Tontöpfe bis ca. 1 cm unter den Rand mit Steckschwamm. Die Oberfläche bekleben Sie mit einem passend zugeschnittenen Herbstblatt oder mit Moos. Jetzt können Sie Ihre Baum- und Sternkreationen in den Töpfen verteilen.

SCHRITT 5

Für die Tischgirlande werden zunächst die Herbstblätter zu Büscheln zusammengefügt und angedrahtet.

SCHRITT 6

Schneiden Sie anschließend die Zweige in ca. 10 cm lange Stücke. Je dicker die Girlande werden soll, desto länger müssen die Zweige sein. Mit dem Wickeldraht binden Sie die Zweige und Stiele zusammen mit dem Herbstlaub auf die Schnur. Ihre Girlande sollte etwa Tischlänge haben. Sind die Stirnseiten nicht besetzt, kann sie auch bis auf den Boden herabfließen. In diesem Fall rechnen Sie: Tischlänge plus an beiden Enden etwa 80 cm.

MATERIALIEN:

- Karton
- Plattenmoos
- alte Tontöpfe, Durchmesser 7-9 cm
- 1 Trockensteckschwamm
- 1 Rolle Schmuckdraht in Gold
- ca. 20 Steckdrähte, 1,2 x 350 mm
- 1 Rolle Wickeldraht
- Beeren von *Cotoneaster*, Eberesche oder Pfaffenhütchen
- 5 Hand voll getrocknete Herbstblätter
- ca. 10 Tannenzweige
- 10 Stiele Mahonie, Rhododendron oder Kirschlorbeer
- ca. 2 m Packschnur

ACCESSOIRES:

- Rote Stumpenkerzen, 3 x 6 cm
- Äpfel, Nüsse, Kekse u. a.

WERKZEUGE:

Stift, Messer, Papierschere, Rosenschere, Drahtschere, Klebepistole

HERSTELLUNGZEIT:

ca. 2 Stunden

DEKORIERTE KERZE IM TOPF

Kerzenlicht schafft Atmosphäre und Wärme. Eine zusätzliche individuelle Note bringen diese selbst angefertigten Kerzen auf den Tisch oder in den Raum. Grundlage dafür sind Kerzenreste, beschädigte oder billig eingekaufte Kerzen. Damit sich der Aufwand lohnt, empfiehlt sich gleich eine ganze Topfkollektion aus mindestens drei oder vier Kerzen.

MATERIALIEN:
- mehrere Tontöpfe, auch ältere Exemplare
- Kerzenreste (Menge entsprechend Anzahl und Topfgröße)
- verschiedene Trockenblumenreste
- 1 Hand voll Moos
- ca. 5 Bouillondrähte (in Gold, Silber oder Kupfer)
- 1 noch biegsame Ranke
- 1 Docht

WERKZEUGE:
1 alten Kochtopf zum Erhitzen des Wachses, Rosenschere, Klebepistole

HERSTELLUNGSZEIT:
ca. 1-2 Stunden

SCHRITT 1

Alle Kerzenreste werden im Topf bei mittlerer (!) Hitze geschmolzen. Inzwischen dichten Sie das Bodenloch im Tontopf ab - am einfachsten mit der Klebepistole. Dazu stellen Sie den Blumentopf auf nasses Papier.

SCHRITT 2

Dann füllen Sie das Flüssigwachs ein, behalten aber einen kleinen Rest zurück, um nach dem Abkühlen Unebenheiten ausgleichen zu können. Tauchen Sie den neuen Docht kurz in das flüssige Wachs ein und ziehen ihn glatt. Damit er nicht im Wachs versinkt, stecken Sie ihn aber erst ein, wenn sich auf der Oberfläche eine etwas festere Schicht gebildet hat. Zum schnelleren Abkühlen kann man die Kerzentöpfe in ein Gefäß mit kaltem Wasser stellen.

SCHRITT 3

Die Wand des fertigen Kerzentopfes bekleben Sie nun mit Moos.

SCHRITT 4

Darauf werden nach Geschmack die Trockenblumenreste und die Ranke aufgebracht.

SCHRITT 5

Zum Schluß umwickeln Sie den ganzen Topf reichlich mit Bouillondraht.

MATERIALIEN:

- ca. 10 Flechtenstücke
- 1 Hand voll Plattenmoos
- 2 blaue oder grüne Hortensienblüten
- Maschendraht (verkupfert oder verzinkt), 140 cm x 30 cm
- 12 Steckdrähte, 1,8 x 500 mm
- 1 Rolle Wickeldraht
- 1 Rolle grünen Myrtendraht
- 1 Stamm (möglichst Birke), ca. 50 cm lang
- 1 Kugel Trockensteckschwamm, Durchmesser 10 cm
- 2-3 Ziegel Trockensteckschwamm
- 1 quadratisches Gefäß

WERKZEUGE:

Drahtschere, Rosenschere, Säge, Kombizange, Messer, Klebepistole

HERSTELLUNGSZEIT:

ca. 4-5 Stunden

DER ABSTRAKTE BAUM

Auch moderne und avantgardistische Räume vertragen floralen Schmuck. Allerdings sollte dieser dann in Form und Ausdruck auf seine Umgebung Bezug nehmen. So kommt es zu einem Wechselspiel zwischen dem Objekt und seinem Ambiente.

Dieses schlichte Modell in seiner gradlinigen und geometrischen Form wirkt nur in einer ebenso klar strukturierten Umgebung. Der Raum sollte zudem hell genug sein, damit die Farben Grün und Grau ihren Zusammenklang entfalten können.

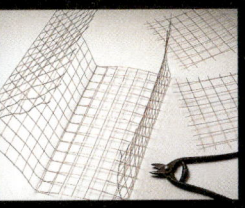

SCHRITT 1

Schneiden Sie ein 80 cm langes Stück vom Maschendraht ab und knicken Sie dieses alle 20 cm rechtwinklich ab. Dadurch entsteht eine quadratische Säule von 20 x 20 cm Grundfläche und 30 cm Höhe. Die offene Seitenkante schließen Sie mit Wickeldraht. Aus dem Rest schneiden Sie dann zwei weitere, 20 x 20 cm große Flächen aus, als Boden und Abdeckung der Säule. Der Boden wird wieder mit Wickeldraht an der Säule befestigt.

SCHRITT 2

Wickeln Sie vier Steckdrähte ganz oben um den Birkenstamm. Sie sollten mit der Zange fest verdreht und so befestigt werden, daß die Enden jeweils nach außen stehen. Auf dieses Stützgerüst setzen Sie mittig die Drahtsäule. Die seitlich überstehenden Steckdrähte werden von außen in den Drahtkorb hinein umgebogen. Füllen Sie jetzt Ihr Gefäß möglichst dicht und komplett mit den Steckschwämmen aus, wobei Sie die Stücke mit der Klebepistole verbinden.

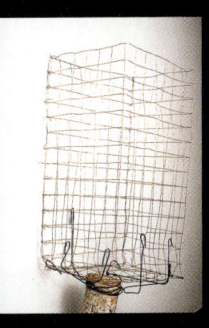

SCHRITT 3

Dann wird der Stamm mit aufsitzendem Drahtkorb tief in den Schwamm hineingedrückt. Achten Sie darauf, daß er gerade steht und verkleben Sie ihn zusätzlich, damit er wirklich fest sitzt. Der Drahtkorb wird von oben mit den vorher kleingeschnittenen Flechtenstücken (etwa 10 cm) gefüllt. Verschließen Sie ihn mit der Drahtabdeckung und Wickeldraht.

SCHRITT 4

Zum Besetzen der Außenkanten kürzen Sie mit der Drahtschere vier Steckdrähte auf 30 cm, vier weitere auf 40 cm Länge. Diese werden unter Verwendung des Myrtendrahtes mit Moos umwickelt. Legen Sie die 30 cm langen Stücke an den Längskanten des Drahtkorbes an und befestigen diese mit der Klebepistole. Die 40 cm langen Drähte werden in der Mitte rechtwinklig geknickt, so daß mit ihnen ebenso die Ober- und Unterkanten beklebt werden können.

SCHRITT 5

Die Steckschwammkugel schneiden Sie in der Mitte durch und bekleben sie mit Plattenmoos. Sie wird auf die Oberseite des Baumes mit der Klebepistole fixiert. Kleben Sie die kleingeschnittenen Hortensienblüten auf den Baum und den Steckschwamm im Gefäß.

DER KUGELKRANZ

Dieser Kranz aus salzgetrockneten Blumen ist zwar aufwendig zu arbeiten, wirkt dafür aber wie ein frischer Blütenkranz und bleibt sehr lange in seiner ganzen Pracht erhalten. Sie können ihn auch abwandeln und statt der vergoldeten Kugel beispielweise eine naturfarbene Terrakottakugel verwenden – oder Sie verzichten ganz auf Accessoires. Sehr dekorativ wirkt dieser Kranz auch an einer Wand oder als Türkranz.

MATERIALIEN:

- 1 Steckunterlage für Trockenblumen in Kranzform, Durchmesser ca. 30 cm
- ca. 50 Steckdrähte, 0,8 x 850 mm
- 15-20 Goldkügelchen
- ca. 5-8 getrocknete Fruchtzweige der Dattelpalme
- 1 Hand voll Moos
- 1 große, vergoldete Terrakottakugel, Durchmesser ca. 10 cm
- SALZGETROCKNETE BLÜTEN UND FRÜCHTE: (zum Salztrocknen: siehe S.12)
  - ca. 10 Mandarinen
  - 3-4 grüne Hortensien
  - 5-7 Chrysanthemenblüten (»Mumis«)
    - 5-7 rote Ranunkeln
    - 5-7 rosa Rosen
    - 5-7 rosa Tulpen

WERKZEUGE:
Rosenschere, Drahtschere, Klebepistole

HERSTELLUNGSZEIT:
ca. 3-4 Stunden

SCHRITT 1

Zuerst bekleben Sie den Kranz mit Moos und drahten alle Materialien an (siehe S.14 f.) – mit Ausnahme der salzgetrockneten Blüten. Achten Sie darauf, daß die Drähte zum Stecken eine gleiche Länge von mindestens etwa 6 cm haben. Überlängen werden mit der Drahtschere gekürzt.

SCHRITT 2

Stecken Sie anschließend die Materialien in kleinen Gruppen in den Kranzkörper. Beobachten Sie dabei ständig die Kranzform. Sollte der Kranzkörper zu dick oder unregelmäßig werden, werden die Trockenblumen etwas tiefer hineingedrückt oder leicht herausgezogen.

SCHRITT 3

Zum Schluß verteilen Sie die salzgetrockneten Blüten auf dem Kranz. Da sie sehr bruchempfindlich sind, können sie nur geklebt werden.

EIN HERZ AUS MOOS

Moosfiguren bieten vielseitigste Dekorations- und Verwendungsmöglichkeiten. Ob Sie sich für dieses Herz entscheiden oder Buchstaben, Ringe oder zum Beispiel eine Pyramide bilden: derartige Gestecke bilden die Grundlage für eine Fülle origineller und ausgefallener Ideen.

MATERIALIEN:
- Pappe oder Karton
- Holzwolle, Papier oder Stoffreste
- Plattenmoos
- Wickel- und Schmuckdraht (in Silber, Gold oder farbig) oder Schnur
- getrocknete oder zum Trocknen geeignete Blumen (z. B. Rosen, Schafgarbe u. a.)
- Schleifenband

WERKZEUGE:
Bandschere, Klebstoff

HERSTELLUNGSZEIT:
ca. 1 Stunde

SCHRITT 1

Für einfache Moosfiguren wie dieses Herz schneiden Sie zuerst aus steifer Pappe oder Karton die Grundform aus. Darauf wird mit Wickeldraht die plastische Form aus Holzwolle, Papier oder Stoffresten gebildet. Auf diese Unterlage binden Sie das Moos mit einem Schmuckdraht Ihrer Wahl auf.

SCHRITT 2

Als Schmuck ein Schleifenband diagonal um die Form binden und auf der Rückseite verknoten oder festkleben. Aus demselben Band eine Schleife binden (siehe S. 16) und in der Mitte befestigen.

SCHRITT 3

Das Blumendekor besteht aus bereits getrockneten oder zum Trocken geeigneten Blumen, die Sie zum Schluß unter das Band schieben. Bei rundum sichtbaren – z. B. frei im Fenster hängenden – Figuren muß natürlich beidseitig dekoriert werden.

WASSERSPIEL MIT KERZE

Wasser im Innenbereich von Gebäuden oder in Räumen hat stets eine beruhigende Wirkung – als Brunnenbecken, in Form eines Aquariums oder nur in einer schlichten Schale. Verstärken Sie diesen Zauber durch eine luftige Dekoration aus getrockneten Blüten und Ranken und dem stimmungsvollen Glanz eines Kerzenlichts.

WERKZEUGE:
Rosenschere, Drahtschere, Klebepistole

HERSTELLUNGZEIT:
ca. 1 Stunde

MATERIALIEN:
- 1 große, flache Glas- oder Keramikschale (wasserdicht)
- 1 Schwimmkerze
- Schmuckdraht
- zarte Zweige und Ranken
- 4 getrocknete Stiefmütterchen
- 1 Hortensienblüte
- 3 Kugeldisteln
- 5 getrocknete Gräser
- 3 Zierwein-Blätter

SCHRITT 1

Winden Sie einen lockeren Kranz aus biegsamen Zweigen und Ranken für den Außenrand Ihrer Schale. Verdichtet wird dieser Kranz mit kleineren, eingeklebten Zweigen.

SCHRITT 2

Mit Schmuckdraht den Kranz so lange umwickeln, bis auch abstehende Zweige am Kranz anliegen.

SCHRITT 3

Nun bringen Sie mit der Klebepistole die Blüten auf. Auch ins Kranzinnere sollten Blüten und Blätter gesetzt werden. Wasser in die Schale füllen, Schwimmkerze einsetzen – fertig!

ENTE AUS TROCKENBLUMEN

Eine anspruchsvollere, aber besonders krea-
tive Art, mit Trockenblumen zu gestalten, ist
die Herstellung von Tierfiguren. Damit Sie
Ihre Ideen auch entsprechend umsetzen
können, sind allerdings etwas Erfahrung
und eine Portion Geduld vonnöten. Üben
Sie zuerst an einfachen Formen und suchen
Sie nach Vorbildern, z. B. Fotos, an denen
Sie sich bei der Arbeit orientieren können.
Ihre Mühe wird mit beeindruckenden Werk-
stücken belohnt werden, die auch im edel-
sten Ambiente noch glänzen.

SCHRITT 1

*Formen Sie aus Papier oder
Holzwolle den Körper
(zum plastischen Arbeiten ist
Holzwolle besser geeignet).
Das endgültige Grundgerüst
entsteht, indem Sie den Körper nach und nach mit reichlich Draht umwickeln. Durch
stellenweises kräftiges Anziehen des Drahtes können Sie
die Form besonders akzen-
tuieren oder noch korrigieren.*

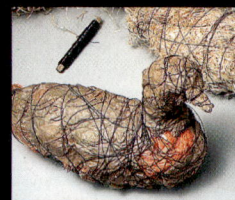

MATERIALIEN:
- Holzwolle oder Papier
- 2 Rollen Wickeldraht
- Plattenmoos
- vergoldete Schleierbinse
- dunkelgrüne Magnolien-, orangefarbene Moneten- oder andere Blätter,
  skelettierte und gefärbte Blätter

WERKZEUGE:
Drahtschere, Bandschere,
Rosenschere, Klebepistole

HERSTELLUNGSZEIT:
ca. 4-5 Stunden

SCHRITT 2

Bekleben Sie die Figur schuppenartig mit den von Ihnen ausgewählten Blättern. Da bei allen Vögeln das Gefieder von vorne nach hinten verläuft, müssen Sie die Blätter – die skelettierten zuoberst als Bedeckung – auch in entsprechender Richtung, d. h. von hinten nach vorne und von unten nach oben, schichtweise aufbringen. Verwenden Sie für Körperrundungen möglichst weiche Blätter, die sich gut formen lassen, und achten Sie darauf, die Blätter immer nur von unten zu bekleben, damit keine Klebestellen sichtbar werden.

SCHRITT 3

Die Flügel können mit festeren Blättern bedeckt werden. Sie werden – zusammen mit dem Schnabel – zuletzt angesetzt, wobei auch hier beim Aufkleben von hinten nach vorne gearbeitet werden muß.

SPIEGELRAHMEN

Mit Trockenblumen als Rahmen für Spiegel oder Bilder schaffen Sie einen ungewöhnlichen Blickfang. Von romantisch bis rustikal, von dezent bis auffällig: Alles läßt sich machen. Selbst der schlichteste Spiegel wird so zum einzigartigen Objekt.

WERKZEUGE:

Stift und Lineal, Winkelmesser, Schneidemesser (Cutter) oder Papierschere, 1 Holzlatte (Maß wie Spiegel-Längsseite), Rosenschere, Klebepistole

HERSTELLUNGSZEIT:

ca. 4-5 Stunden

MATERIALIEN:

Für einen Spiegel von 85 x 65 cm und 10 cm Rahmenbreite:

- einige lange Stücke festen Kartons
- 1 m Plattenmoos
- 20-30 getrocknete Zierweinblätter
- 20-30 Rosenblüten
- ca. 50 Weizenähren mit Halmen
- 16 Kugeldisteln
- 8 Schneckenhäuser

SCHRITT 1

Zu den Außenmaßen Ihres Spiegels addieren Sie ringsum 2 cm Materialtoleranz. Mit diesen Maßen zeichnen Sie entweder den gesamten Rahmen oder vier Einzelstreifen auf einen festen Karton und schneiden ihn aus. Achten Sie auf Rechtwinkligkeit und überkleben Sie die Schnittflächen vorne und hinten mit zwei passenden Kartonstücken. Den Kartonrahmen bekleben Sie gleichmäßig mit Plattenmoos.

SCHRITT 2

Nun schneiden Sie die Getreidehalme unmittelbar unter den Ähren ab. Mit den Ähren werden die Außen- und Innenkante des Rahmens beklebt. Damit eine gerade Kante entsteht, drücken Sie jede Ähre mit der Holzlatte fest an, bis der Kleber abgekühlt ist. Dann werden in gleichen Abständen (vorher ausmessen!) und symmetrisch die Zierweinblätter aufgeklebt.

SCHRITT 3

Abschließend Halme, Rosenblüten, Kugeldisteln und Schneckenhäuser fixieren und eventuell überstehende Moosfasern mit einer Schere abschneiden. Je nach Art des Spiegels stülpen Sie Ihre Umrahmung einfach über den Spiegel oder befestigen eine gesonderte Aufhängung an der Rückseite.

FLORALER WANDTEPPICH

Zum Schmuck leerer Wände denkt man in der Regel nur an Bilder oder Wandkränze. Mit einem floralen Teppich verfügen Sie über ganz neue Möglichkeiten bei der Gestaltung von Wandflächen. Dekorationen dieses Stils können Sie für jede Einrichtung ganz leicht selbst anfertigen. Dabei bieten sich nicht nur Trockenblumen zur Verarbeitung an, sondern auch verschiedenfarbige Fäden und Garne, bunte Holzstäbe und alle anderen Materialien, die sich fädeln und schlingen lassen. Formen und Größen können Sie individuell, je nach Wandfläche, bestimmen und Ihrer Phantasie freien Lauf lassen.

MATERIALIEN:
- Maschendraht mit quadratischen Maschen (möglichst verkupfert oder verzinkt)
- bunte Holzstäbe
- gefärbte Bast- oder Wollfäden
- Getreide
- getrocknete Rosen
- gefärbte Monetenblätter
- getrocknete Gräser
- viele andere Materialien Ihrer Wahl, die sich schlingen oder kleben lassen

WERKZEUGE:
Handsäge, Draht-, Rosenschere, Klebepistole

HERSTELLUNGSZEIT:
ca. 4-5 Stunden (je nach Größe und Materialien)

SCHRITT 1

Zur Orientierungshilfe skizzieren Sie zunächst die Anordnung der Materialien auf. Dann schneiden Sie mit der Drahtschere den Maschendraht in den passenden Maßen zu. Dabei sollten oben und unten die senkrechten Drähte überstehen.

SCHRITT 2

Rollen Sie diese an der Oberkante um einen Stab und verdrillen Sie die Enden auf der Rückseite. Damit ist die Aufhängung für den Teppich schon gemacht.

SCHRITT 3

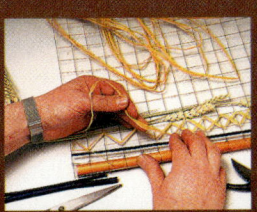

Nun beginnen Sie , Ihre Materialien durch die Drahtmaschen zu schlingen, zu weben oder zu stecken. Blätter oder ähnliche Elemente, die so nicht zu befestigen sind, können auch geklebt werden. Setzen Sie auch Materialien unterschiedlichster Form nebeneinander, um eine spannungsreiche Gestaltung zu erzielen. Farblich empfehlen sich allerdings eher weiche Übergänge, damit das Bild nicht zu unruhig wird.

SCHRITT 4

Überstehendes Material schneiden Sie an den Kanten sorgfältig ab, damit eine gerade Begrenzung entsteht. Zum Aufhängen des Teppichs genügt in der Regel ein Stahlnagel. Sollte er nicht glatt an der Wand anliegen, befestigen Sie ihn noch mit weiteren kleinen Nägeln oder Wandhäkchen.

DEKORATIVE FRÜCHTE

Aus Naturmaterial hergestellte Früchte aller Art verleihen einem Raum – an einem Fenster oder auf einem Tisch – besondere Akzente. Diese ausgefallene, moderne Gestaltungsidee eröffnet vielfältige Möglichkeiten, die Sie Ihren Vorstellungen, der Umgebung oder dem Anlaß entsprechend umsetzen können. Äpfel, Birnen, Kürbisse und vieles mehr – mit dieser Kombination aus Blumen und Früchten bringen Sie eine frische Note in Ihr Zuhause.

SCHRITT 1

Aus Holzwolle oder Zeitungspapier bilden Sie zunächst die Grundform Ihrer Frucht. Diese fixieren Sie durch reichliches Umwickeln mit Wickeldraht. Dabei können Sie durch unterschiedlich starkes Anziehen des Drahtes die Form noch nachformen und korrigieren.

SCHRITT 2

Jetzt bekleben Sie die Grundform mit dem Plattenmoos. Vorsicht: Verbrennungsgefahr! Am besten arbeiten Sie dabei mit nassen Händen. Um die unterschiedliche Moosdicke auszugleichen, müssen die Früchte an manchen Stellen eventuell noch nachgeformt werden.

SCHRITT 3

Zur Dekoration der Früchte kleben Sie zuerst den kleinen Zweig und das Blatt ein. Die Rosenblütenblätter werden vorsichtig auseinandergebrochen und einzeln fixiert. Die Bastfäden kleben Sie an einer Seite fest, um sie dann um die Frucht zu ziehen.

MATERIALIEN:

- Holzwolle oder Zeitungspapier
- 1 Rolle Wickeldraht
- einige Hand voll Plattenmoos
- 1 Zweigstück, ca. 10 cm lang
- ca. 2 m Naturbast
- ca. 2 m gelben Bast
- 3 getrocknete Blätter
- 3-4 getrocknete rote Rosenblüten

WERKZEUGE:

Messer, Rosenschere, Drahtschere, Papierschere, Klebepistole

HERSTELLUNGSZEIT:

ca. 30 Minuten je Frucht

HINWEIS:

Verwenden Sie möglichst dünnes Moos, damit beim Bekleben die Fruchtform gut erhalten bleibt (besonders wichtig bei kleinen Früchten). Auch sollten Sie es vorher gründlich von Blättern und anderen Verunreinigungen befreien.

WERKZEUGE:
Drahtschere, Bandschere,
Rosenschere, Klebepistole

HERSTELLUNGSZEIT:
ca. 2-3 Stunden

MATERIALIEN:
- ca. 20 Steckdrähte, blau geglüht
  (1,8 x 500 mm) oder Spanndraht
  (Stärke 2,5 mm)
- 1 Rolle Kautschukband
  (Guttacollband)
- 1 Rolle Wickeldraht, grün lackiert
- ca. 3 m Schleifenband
- 1 Holzstab, 50-70 cm lang
- 5-6 Hortensien
- 5-6 Bund Polyantha-Rosen
- 3 Bund Sanfordie
- 3 Stiel Strandflieder (Limonium)
- frische Buchsbaumzweige

JAHRES-ZAHLEN

Jahreszahlen aus Trockenblumen sind immer ein passendes Geschenk für Familienfeste wie Silberhochzeiten, Geburtstage und ähnliche Anlässe. Sie sind aus vielerlei Materialien schnell anzufertigen. Für die Gestaltung eignen sich alle kleinblütigen Trockenblumen. Die getrockneten Blumen sollten Sie über Nacht draußen lagern oder am Tag vorher anfeuchten, damit sie bei der Verarbeitung nicht zerbrechen.

SCHRITT 1

Von der Guttacollrolle spulen Sie ca. 50 cm ab und umwickeln damit die Steckdrähte zwei- bis dreifach. Achten Sie darauf, die Lagen versetzt anzulegen. Anschließend wickeln Sie mit Daumen und Zeigefinger beider Hände den Draht in das Schleifenband ein. Dabei läuft das Band zwischen Ringfinger und kleinem Finger nach. Ca. 10 cm vor Ende des ersten Drahtes wird ein neuer Draht angelegt und mit umwickelt.

SCHRITT 2

Auf diese Weise bilden Sie das Gerüst für das Trockenblumengesteck, bis die gewünschte Länge erreicht ist. Am unteren Ende muß ein Stück Draht überstehen, mit dem Sie die Zahlen am Holzstab befestigen können. Bei größeren Zahlen oder auch Buchstaben sollte das Drahtgerüst aus mindestens drei Drähten bestehen, um eine größere Stabilität zu erreichen.

SCHRITT 3

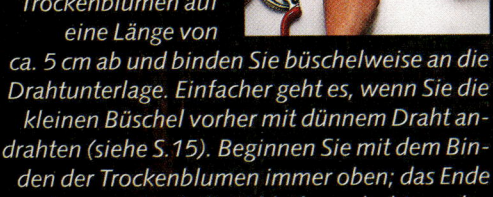

Nun schneiden Sie die ausgewählten Trockenblumen auf eine Länge von ca. 5 cm ab und binden Sie büschelweise an die Drahtunterlage. Einfacher geht es, wenn Sie die kleinen Büschel vorher mit dünnem Draht andrahten (siehe S.15). Beginnen Sie mit dem Binden der Trockenblumen immer oben; das Ende kann so durch die Schleife verdeckt werden

SCHRITT 4

Mit Wickeldraht oder Klebeband befestigen Sie nun die Drahtverlängerungen der Zahlen am Stab. Diesen umwickeln Sie zuletzt mit einem passenden Deko-Band. Dabei können Anfang und Ende des Bandes mit der Klebepistole oder Wickeldraht fixiert werden.

MATERIALIEN:
- kleine, möglichst alte Tontöpfe
- 1 Trockensteckschwamm
- Moos und Naturbast
- Hortensien, Rosen, Getreide, Kugeldisteln
- 1 Rolle grüner Myrtendraht
- dünner Steckdraht, 0,7 x 280 mm

WERKZEUGE:
Rosenschere, Drahtschere, Messer, Klebepistole

HERSTELLUNGSZEIT:
ca. 2-3 Stunden

TISCHDEKORATION MIT BLUMENTÖPFEN

Ausgefallene Tischdekorationen sind in der Regel teuer und sehr zeitaufwendig. Besonders wenn Gäste sich kurzfristig anmelden, fehlt es oft an Möglichkeiten. Mit diesem Gestaltungsvorschlag haben Sie immer eine Dekoration im Haus, die zudem variierbar und sehr vielseitig zu verwenden ist: Sie können die Töpfe anderweitig aufstellen oder einzelne Bestandteile neu gruppieren und arrangieren. Und passend zur Jahreszeit oder zum jeweiligen Anlaß läßt sich das Gesteck auch abändern – beispielsweise im Herbst mit Früchten, in der Weihnachtszeit mit Nüssen, Zapfen und Tannenzweigen. Hier nur eine kleine Auswahl der vielen Möglichkeiten.

SCHRITT 1

Füllen Sie die Tontöpfe mit dem Steckschwamm bis ca. 1 cm unterhalb des Topfrandes. Dann werden die Hortensienblüten und die anderen Trockenblumen, die keine festen Stiele besitzen, angedrahtet.

SCHRITT 2

Bevor Sie die Trockenblumen stecken, gestalten Sie die Umrandung. Dazu binden Sie einen dünnen Ring aus Moos oder Bast, dessen Länge und Durchmesser Sie am Topf ausmessen. Den fertigen Reif kleben Sie am Topfrand fest.

SCHRITT 3

Nun wird das Topfinnere so dicht mit Trockenblumen besteckt, daß keine Freistellen mehr sichtbar bleiben. Sind die Stiele zu schwach, können Sie auch die Klebepistole zu Hilfe nehmen.

FESTLICHES ROSENBUKETT

Das reine Weiß der Rosen, kombiniert mit dem zarten Grünton der Hortensien und feinem Golddekor, verleiht diesem Gesteck seine klassische Wirkung. Für eine fest-liche Tafel, als Hochzeitsgeschenk oder als besonderer Blickfang in geeignetem Ambiente stellt solch ein Bukett ein aufsehen-erregendes Arrangement dar.

SCHRITT 1

Aus dem Steckziegel schneiden Sie ein passendes Stück aus und befestigen es mit der Klebepistole in der Schale.

SCHRITT 2

Die Phalaris-Stiele werden auf eine Länge von ca. 4 cm zuge-schnitten und in kleinen Büscheln angedrahtet (siehe S.15). Die Drahtenden sollten eine Länge von etwa 7-10 cm haben. An den Rosenstielen kleben Sie Drahtstücke der gleichen Länge fest. Dann beginnen Sie von einer Seite aus, den Schwamm mit den Trockenblumen zu bestecken. Versuchen Sie dabei, eine gleichmäßige Kuppelform zu erzielen.

SCHRITT 3

Zerteilen Sie die Horten-siendolde in Einzelblüten. Diese umwickeln Sie mit auseinandergezogenem Bouillondraht und bilden so eine etwa 2 m lange Kette, die Sie über die Efeuranke winden.

SCHRITT 4

Nun winden Sie die Efeuranke vorsich-tig um den Gesteckrand. Fixiert wird sie mit einem geknickten Steckdraht.